SCIENCES *juniors*

L'ÉNERGIE

- LA LUMIÈRE • LES SONS • LES FORCES EN MOUVEMENT
- L'ÉLECTRICITÉ

Robin Kerrod

Traduit et adapté par
Jacqueline Ponzo

HACHETTE
Education

Références photographiques
Audi Volkswagen 23
Barnaby's Picture Library: 30
Biophoto Associates: 17
Birmingham International Airport: 31
Sally & Richard Greenhill: 16
Les Films du Carrosse: 15
Robert Harding Picture Library: 20-1
O.S.F.: 19
Spectrum Colour Library: 25
Transport & Road Research Laboratory: 22
ZEFA: 8, 28, 29, 32-3

Illustrations
Peter Bull 8, 12-13, 14, 18-19, 26-27, 36, 41, 43, 44, 45, 46, 47, 48,
49, 51, 52, 53, 54
Jeremy Gower/B.L. Kearley Ltd 24-25, 30, 33, 34-35
Annabel Large/B.L. Kearley Ltd 6-7, 11, 20, 22-23
Sheila Ratcliffe/Maggie Mundy 16
Jocelyne Santos 40, 42, 45, 46, 50, 51, 52, 53, 54, 55, 56
© Hachette 1988
pour l'édition française

© Macdonald & Co. (Publishers) Ltd 1987
pour l'édition originale

ISBN 2.01.013732.9.

TABLE DES MATIÈRES

COMMENT UTILISER CE LIVRE

Ce livre est structuré en 3 parties :

● **une partie documentaire** avec un texte illustré te donne toute l'information utile.
Des photos, des schémas et des commentaires dans des encadrés de couleur te fournissent des explications plus détaillées pour enrichir tes connaissances.
Cette partie documentaire comprend plusieurs chapitres. À chaque nouveau chapitre correspond un titre en caractères gras et une bande de couleur autour de la page.

● **des expériences** faciles à réaliser pour développer ton sens de l'observation et ton habileté. Grâce à ces activités, tu mets en pratique les lectures de la partie documentaire. Pour t'aider à retrouver facilement la page de lecture correspondante, regarde le numéro indiqué dans la petite vignette placée en haut et à droite de chaque expérience.
Les deux dernières activités sont des jeux qui te permettent de savoir si tu as bien retenu ce que tu as appris. C'est un aide-mémoire précieux et amusant pour faire le point sur tes connaissances !

● **un lexique** des termes scientifiques. En parcourant ton livre, tu découvriras des mots que tu n'as pas l'habitude d'utiliser dans le langage courant. Tu les repèreras facilement car ils sont suivis d'un astérisque (*).

Tu veux choisir un sujet ?

Au début de ce livre, tu trouves la Table des Matières. Elle te donne la liste des chapitres ainsi que les numéros de pages qui leur correspondent.
À chaque fois que tu abordes un nouveau chapitre, la couleur des pages est différente. De cette façon, tu peux te repérer très facilement.

Tu cherches un renseignement précis ?

Un index se trouve à la fin de ton livre. Pour faciliter tes recherches, les mots sont classés par ordre alphabétique. Choisis le mot qui t'intéresse. Il est suivi d'un seul ou de plusieurs numéros de pages qui t'indiquent où trouver les renseignements.

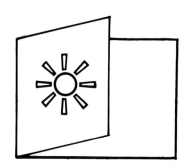

COMMENT UTILISER LA COLLECTION

Sciences Juniors est une collection qui comprend 4 livres : La Matière, L'Énergie, Le Monde Vivant, La Terre et les Planètes.
Chacun des livres de la collection est une introduction au monde de la science et à l'univers qui nous entoure.

Une petite vignette permet de les identifier :

Ces quatre vignettes symbolisent chacune un des ouvrages de la collection.

Tu repèreras facilement le symbole qui correspond au livre que tu lis : c'est le seul à être coloré.

Les chiffres indiqués à côté des symboles sont les numéros de pages de référence de chacun des volumes de la collection.

Par exemple, les pages 12 et 13 de ce livre concernent l'audition.
Tu y trouveras donc les symboles suivants :

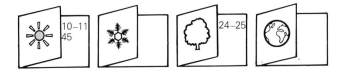

 est le symbole du livre sur L'Énergie,

 La Matière,

 Le Monde Vivant,

 La Terre et les Planètes.

À l'intérieur des livres, tu retrouves ces quatre symboles dans l'angle supérieur droit des doubles pages de la partie documentaire.

Cela veut dire que des renseignements complémentaires sur l'audition se trouvent aux pages 24 et 25 du livre sur Le Monde Vivant, et aux pages 10-11 et 45 de ce livre. Par contre, tu peux constater qu'il n'existe pas d'information à propos de l'audition dans les livres sur La Matière et La Terre et Les Planètes.

En parcourant ainsi les 4 titres de la collection Sciences Juniors, tu comprendras que tous les domaines scientifiques ont des liens entre eux. Tu découvriras que la Science est un tout !

L'ÉNERGIE

L'énergie autour de nous

énergie apportée par la nourriture

énergie solaire

poisson

riz

œufs

viande

fruits

céréales

Si tu cours ou joues très longtemps, au bout d'un moment tu te sens fatigué, et tu commences à avoir faim. Mais si tu manges quelque chose, tu te sens beaucoup mieux et tu peux, au bout d'un moment, te dépenser à nouveau.

Lorsque tu fais du sport, tu utilises l'énergie* que tu as en réserve dans le corps. C'est la nourriture qui te permet de faire de nouvelles réserves d'énergie. Elle te permet aussi de grandir.

Nous nous nourrissons de végétaux et d'animaux. Mais comme les animaux se nourrissent eux-mêmes souvent de plantes, on peut réellement dire que tous nos aliments ont pour origine les plantes.

Les plantes vivent. Comme nous, elles ont besoin de se nourrir pour vivre et se développer.

Elles fabriquent leur nourriture à partir de l'oxygène* de l'air, de l'eau et des sels minéraux qu'elles prennent dans le sol. Mais, elles ne peuvent le faire que si la substance verte contenue dans les feuilles, la chlorophylle, capte la lumière du soleil.

> La nourriture est indispensable à la vie. Elle te fournit de l'énergie et te permet de grandir. Pour être en bonne santé tu dois avoir une nourriture variée et équilibrée. Cette énergie que tu puises en mangeant des plantes et des animaux a pour origine le Soleil.

EN ACTION

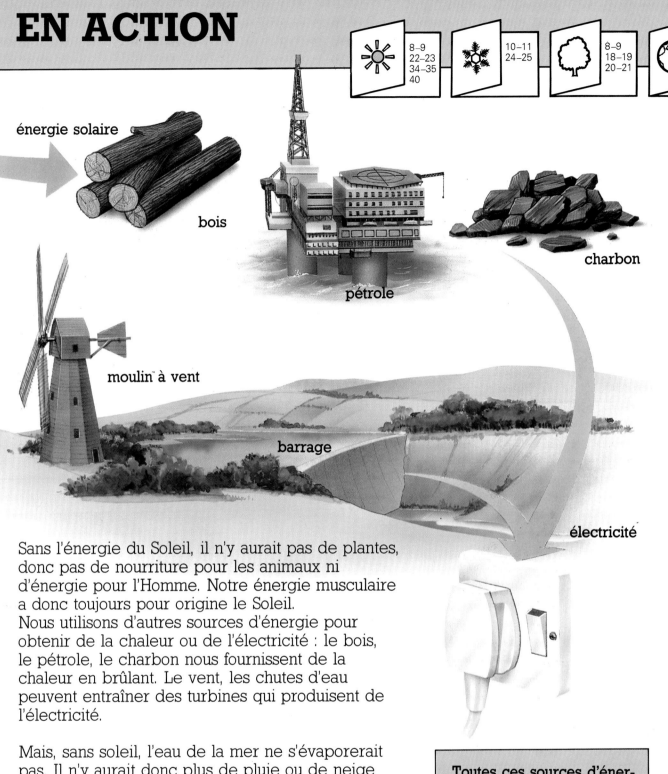

énergie solaire

bois

pétrole

charbon

moulin à vent

barrage

électricité

Sans l'énergie du Soleil, il n'y aurait pas de plantes, donc pas de nourriture pour les animaux ni d'énergie pour l'Homme. Notre énergie musculaire a donc toujours pour origine le Soleil.
Nous utilisons d'autres sources d'énergie pour obtenir de la chaleur ou de l'électricité : le bois, le pétrole, le charbon nous fournissent de la chaleur en brûlant. Le vent, les chutes d'eau peuvent entraîner des turbines qui produisent de l'électricité.

Mais, sans soleil, l'eau de la mer ne s'évaporerait pas. Il n'y aurait donc plus de pluie ou de neige pour alimenter les ruisseaux et les barrages.
Sans soleil, il n'y aurait pas non plus de vent. En effet, le vent est dû au déplacement de grandes masses d'air à des températures différentes.
Le charbon, le pétrole sont dus à la transformation de végétaux ou d'animaux. Comme le bois, ces sources d'énergie se sont formées grâce au Soleil.
Toutes ces sources d'énergie ont ainsi pour origine le Soleil. Seules l'énergie nucléaire*, puisée dans l'uranium, et l'énergie « géothermique* » qui utilise la chaleur du sous-sol, ne sont pas d'origine solaire.

Toutes ces sources d'énergie peuvent être utilisées pour produire de l'électricité. L'énergie électrique est une forme d'énergie que l'on pourra ensuite transformer en chaleur, en énergie mécanique ou chimique.

La chaleur

Lorsque tu touches un objet, tu as une impression de chaud ou de froid. Es-tu capable de dire à quel point cet objet est chaud ou froid ? Reste longtemps au soleil puis mets les pieds dans une piscine, tu trouveras l'eau froide. Prends une douche froide et retourne dans la piscine, l'eau te paraîtra tiède. Pour avoir une idée plus précise du chaud ou du froid, on mesure la température avec un thermomètre.

Lorsque les gaz, les liquides ou les solides s'échauffent, leur volume augmente : ils se dilatent. C'est cette propriété que l'on utilise dans le thermomètre. S'il fait chaud, le liquide d'un thermomètre à alcool ou à mercure va se dilater. Il monte dans la tige du thermomètre parce que sa température augmente. Les graduations du thermomètre nous indiquent cette température. Si le thermomètre est remis au froid le liquide se contracte, redescend dans la tige. Sa température a diminué.

L'échelle de température que nous utilisons est appelée échelle Celsius*. Dans cette échelle l'eau bout à 100 °C (au bord de la mer) et se transforme en glace à 0 °C. Sais-tu que les Anglais utilisent une échelle différente de la nôtre : l'échelle Fahrenheit*. Pour eux l'eau bout à 212° F.

En hiver, nos vêtements nous maintiennent bien au chaud. Les vêtements et l'air qu'ils emprisonnent nous isolent du froid. Ils conservent la chaleur de notre corps, l'empêche de se disperser à l'extérieur.

Les tuiles qui recouvrent la navette spatiale sont d'excellents isolants thermiques. Elles l'isolent aussi bien du froid que de la chaleur dans l'Espace.
En entrant dans l'atmosphère, la navette subit la résistance de l'air. La température s'élève considérablement.

Peux-tu répondre à cette devinette ? Dans quel cas 20 + 65 ne font pas 85 ? Pense à l'eau d'un bain. Si l'eau chaude est à 65°, et que tu ajoutes de l'eau froide à 20°, ton bain, heureusement, ne sera pas à 85°. L'eau chaude a donné de la chaleur à l'eau froide. Sa température a diminué, celle de l'eau froide a augmenté. L'eau est tiède. Il y a toujours transfert de chaleur du corps chaud au corps froid jusqu'au moment où les températures sont égales. Ce n'est donc pas le froid qui « voyage », mais la chaleur.

La chaleur peut ainsi se déplacer d'un endroit à un autre, par exemple, du radiateur dans toute la pièce. L'air qui environne le radiateur est chauffé, il se dilate, devient plus léger et monte. Il est alors remplacé par de l'air froid et le même phénomène va se reproduire tant que le radiateur sera chaud.

La source de chaleur la plus importante est le Soleil. Si la Terre se trouvait beaucoup plus éloignée du Soleil dans l'Espace, notre planète serait froide et aucune vie ne s'y développerait.

Certains corps peuvent brûler et nous fournir de la chaleur. Ce sont des combustibles comme le bois, le fioul ou le gaz. L'électricité dans les radiateurs ou les fours peut aussi fournir de la chaleur.

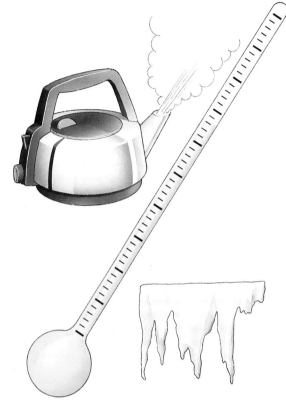

L'échelle du thermomètre indique les variations de température en degrés Celsius. L'eau bout à 100 °C et gèle à 0 °C. Un corps en bonne santé est à 37 °C.

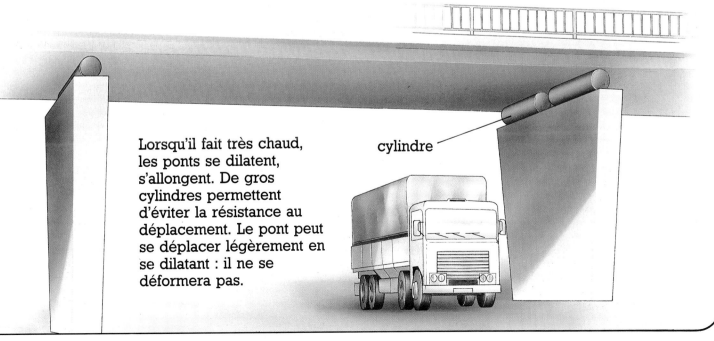

Lorsqu'il fait très chaud, les ponts se dilatent, s'allongent. De gros cylindres permettent d'éviter la résistance au déplacement. Le pont peut se déplacer légèrement en se dilatant : il ne se déformera pas.

cylindre

Le son

Lorsque tu fais du vélo, si tu aperçois quelqu'un au milieu de ton chemin, tu donnes un coup de sonnette. La personne entend le bruit de ta sonnette et s'écarte de ta route. La sonnette a émis un son qui s'est propagé dans l'air jusqu'aux oreilles de la personne. Celle-ci a alors reçu le son. Son cerveau a interprété le signal et elle s'est écartée.

Mais qu'est-ce au juste qu'un son ? Tu peux en avoir une idée si tu touches légèrement la sonnette de ton vélo pendant qu'elle émet un son. Tu constates qu'elle vibre. Imagine alors ce qui se passe entre la sonnette et l'oreille de celui qui l'entend. La vibration* de la sonnette provoque la vibration de l'air qui est à côté, puis de l'air un peu plus loin ; ainsi de suite, jusqu'à l'air qui se trouve près de l'oreille. En fait, le son se propage dans toutes les directions. Une autre personne placée différemment entend aussi le son émis. Les vibrations sonores ou ondes sonores se propagent donc dans toutes les directions un peu comme le font les vaguelettes à la surface d'un étang quand tu y jettes un caillou. Petit à petit, les ondes sonores, comme les vaguelettes sur l'étang, deviennent plus faibles. Elles perdent de l'énergie et finissent par disparaître. De très loin, on n'entendra plus le son émis.

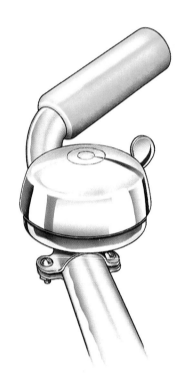

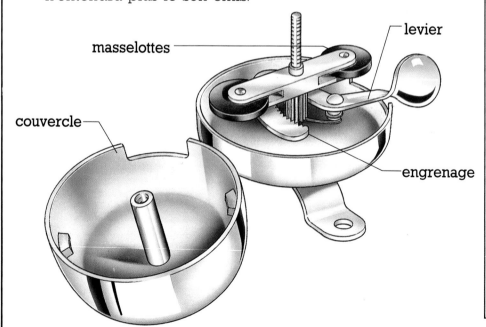

masselottes

levier

couvercle

engrenage

Comment fonctionne une sonnette de vélo ? Ce dessin te montre l'intérieur d'une sonnette. Quand tu appuies sur le levier tu déplaces l'engrenage*.
Les dents de l'engrenage entraînent la partie centrale et la font tourner. En tournant les petites rondelles qui sont à chaque extrémité de la partie centrale (on les appelle des masselottes) cognent contre le couvercle de la sonnette qui se met à vibrer. Le son se propage ensuite dans l'air.

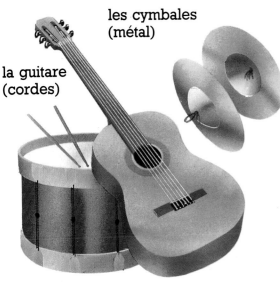

les cymbales
(métal)

la guitare
(cordes)

le tambour (membrane)

Différents instruments de musique. La matière qui, en vibrant, est à l'origine du son est indiquée entre parenthèses.

Le son se transmet mieux à travers les solides et à travers l'eau que dans l'air. Certains animaux qui vivent sous l'eau émettent des sons pour communiquer entre eux. C'est le cas des dauphins.

Nous appelons musique un ensemble de sons agréables à l'oreille. Pour produire de la musique, nous pouvons utiliser différents instruments. Chaque fois, nous créons des vibrations. Nous pinçons les cordes d'une guitare ou frappons les touches d'un piano pour faire vibrer les cordes. La membrane du tambour vibre lorsqu'on la frappe, et le son résonne dans la caisse. Dans les instruments à vent, comme la flûte, la trompette, c'est l'air qui entre en vibration. Suivant la forme de l'instrument, les orifices* qu'il comporte, la manière dont on souffle, la vibration est différente. Le même morceau joué au piano ou à la trompette ne nous donne pas la même impression. On dit que le timbre de ces instruments n'est pas le même.

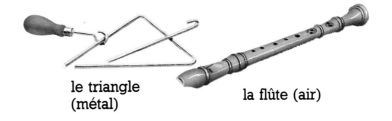

le triangle
(métal)

la flûte (air)

la trompette (air)

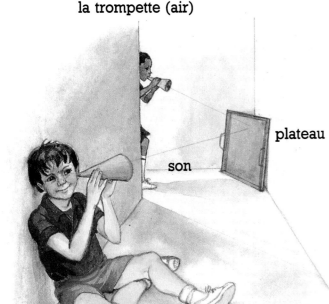

plateau

son

As-tu déjà poussé un cri dans une grotte, un puits ou dans un grand bâtiment vide ? Tu t'entends plusieurs fois. Tu entends d'abord le son que tu émets. Ce son se transmet ensuite dans l'air, rebondit, se réfléchit sur un rocher ou un mur et te revient. C'est l'écho. Le son s'est réfléchi comme le fait la lumière sur un miroir.

Entendre

L'ouïe est le sens* qui nous permet d'entendre. L'oreille reçoit les sons; c'est l'organe* de l'ouïe. L'onde sonore qui est captée par l'oreille provoque la vibration d'une petite membrane, le tympan. Les vibrations se transmettent ensuite aux osselets puis au limaçon jusqu'aux nerfs. Ces nerfs, appelés nerfs auditifs, transmettent le message au cerveau qui nous renseigne sur le type de son reçu.

Si les vibrations sont émises très rapidement, les ondes sonores sont très rapprochées, le son sera aigu. Si les vibrations sont plus lentes, le son est grave.
Notre ouïe ne nous permet pas d'entendre les sons trop graves (les infrasons) ou trop aigus (les ultrasons) pour nous. Il existe des sifflets à ultrasons. Si tu souffles dans un tel sifflet, il te paraît silencieux. Pourtant ton chien peut entendre le signal et accourir; son ouïe lui permet de percevoir ce qui est, pour nous, un ultrason.

Les chauves-souris perçoivent aussi les ultrasons. Elles se déplacent et chassent la nuit. Elles ne peuvent donc pas utiliser leurs yeux. Elles émettent des ultrasons qui vont se refléter sur les obstacles ou les proies qu'elles recherchent. Elles entendent alors l'écho qui leur parvient rapidement si l'obstacle est proche, et plus lentement si l'obstacle est éloigné. Le cerveau de la chauve-souris la renseigne alors sur la distance entre elle et sa proie.

onde sonore

On ne voit qu'une petite partie de l'oreille, le pavillon. Sa forme permet de capter une grande partie de l'onde sonore et de la canaliser vers le tympan. La vibration se transmet aux osselets appelés, à cause de leur forme, le marteau, l'enclume et l'étrier, puis à l'appareil auditif qui comprend le limaçon, et aux nerfs auditifs. Enfin, cette vibration est transmise au cerveau qui en interprète la signification.

Sais-tu pourquoi nous avons deux oreilles pour entendre? L'oreille gauche de cet enfant reçoit le son plus intensément que son oreille droite. Le cerveau reçoit deux informations. Il analyse leur différence et indique d'où vient le son. C'est un effet de stéréophonie.

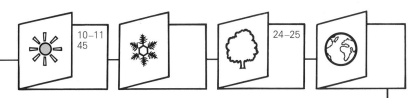

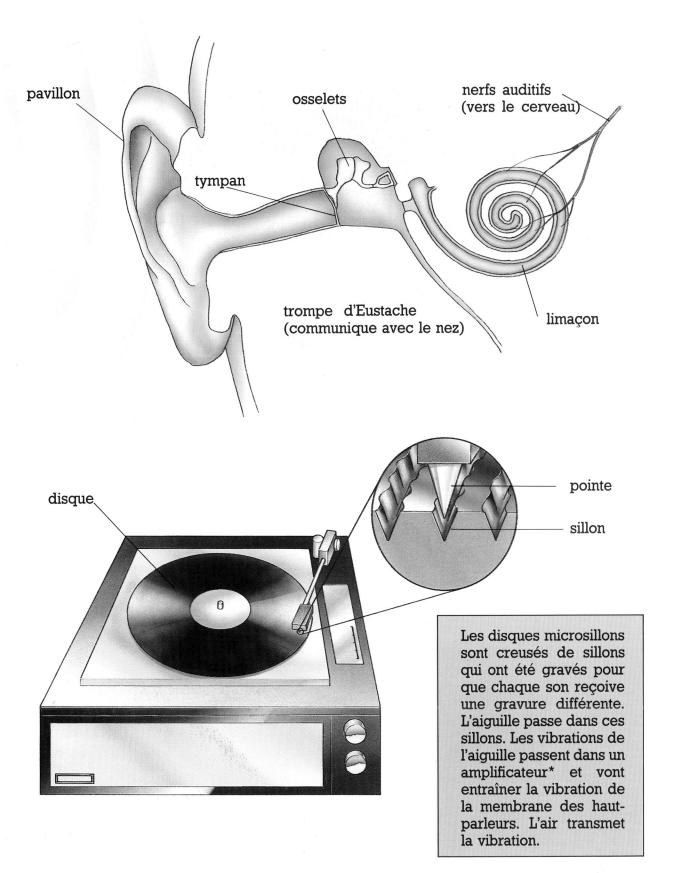

pavillon

osselets

nerfs auditifs
(vers le cerveau)

tympan

trompe d'Eustache
(communique avec le nez)

limaçon

disque

pointe

sillon

Les disques microsillons
sont creusés de sillons
qui ont été gravés pour
que chaque son reçoive
une gravure différente.
L'aiguille passe dans ces
sillons. Les vibrations de
l'aiguille passent dans un
amplificateur* et vont
entraîner la vibration de
la membrane des haut-
parleurs. L'air transmet
la vibration.

LA LUMIÈRE ET LES COULEURS

La lumière

Pourquoi peux-tu voir, le jour, les choses autour de toi, distinguer leurs formes, leurs couleurs ?
Pourquoi ne vois-tu plus rien lorsque tu te trouves dans une pièce obscure ? Pendant la journée, le Soleil nous envoie de la lumière qui traverse l'Espace et nous arrive. Tout objet qui se trouve sur le parcours de la lumière est alors éclairé.
Cet objet renvoie plus ou moins la lumière dans toutes les directions, ce qui nous permet de le voir.

Lorsque la nuit tombe, nous recevons la lumière des étoiles, mais elles sont très éloignées de nous. Leur clarté ne rend donc pas les objets visibles parce qu'elle est trop faible.
Et la Lune ? Est-elle une source de lumière comme le Soleil ou les étoiles ? Non. La Lune ne produit pas de lumière. Elle renvoie simplement la lumière qu'elle reçoit du Soleil.
Au clair de Lune, les objets, sur Terre, peuvent à leur tour être éclairés.

Dans une pièce très sombre, il n'y a plus de source de lumière : les objets ne sont plus éclairés, nos yeux ne captent plus rien, nous ne voyons plus.

Nous pouvons obtenir des sources de lumière en faisant brûler certains corps. La flamme d'une bougie, du bois ou du gaz que l'on brûle, fournissent de la lumière et éclairent les objets.

Des pailles nous paraissent tordues lorsqu'elles trempent dans un verre d'eau. Cet effet trompeur est dû au brusque changement de direction de la lumière traversant la surface de l'eau.

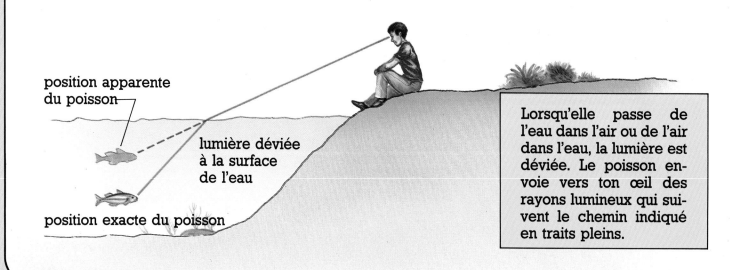

position apparente du poisson

lumière déviée à la surface de l'eau

position exacte du poisson

Lorsqu'elle passe de l'eau dans l'air ou de l'air dans l'eau, la lumière est déviée. Le poisson envoie vers ton œil des rayons lumineux qui suivent le chemin indiqué en traits pleins.

As-tu déjà essayé de lire ou travailler en t'éclairant avec une bougie ou une lampe à huile? La lumière est faible, irrégulière et tu as rapidement mal aux yeux. Comprends-tu pourquoi autrefois les Hommes vivaient beaucoup plus au rythme du Soleil? L'invention de l'électricité a modifié le rythme de vie et de travail. Grâce à elle, nous pouvons avoir les mêmes horaires de travail et de repos tout au long de l'année.

Depuis cent ans environ, nous nous éclairons avec des lampes, branchées sur un circuit électrique*. Dans l'ampoule, il y a un filament qui s'échauffe énormément lorsque le courant électrique le traverse. Il devient lumineux : on dit qu'il est incandescent*.

La lumière peut traverser certains corps comme l'air, le verre, l'eau par exemple. Ce sont des corps transparents. Au moment où la lumière y entre, elle est déviée, elle change brusquement de direction et poursuit son chemin en ligne droite.

Au cours de son passage dans les corps transparents, la lumière perd peu à peu de son énergie. Les rayons du Soleil, par exemple, perdent une partie de leur énergie en traversant l'atmosphère. Heureusement! Sinon, la vie ne serait plus possible sur Terre.
Lorsqu'on s'enfonce dans l'eau la lumière est de plus en plus faible et les fonds sous-marins sont complètement sombres.

Miroirs et lentilles

Connais-tu un objet capable de renvoyer la lumière qu'il reçoit dans une seule direction ?
As-tu déjà essayé d'éblouir un ami à l'aide d'un miroir ? Pour que la lumière arrive sur son œil, tu as dû orienter convenablement ton miroir par rapport au Soleil. Le miroir renvoie la lumière dans une seule direction. Il donne un reflet, une image des objets.

Regarde bien ton visage dans un miroir. Ferme l'œil droit. Le visage que tu vois dans le miroir a l'œil gauche fermé.

On appelle miroirs plans, ceux qui donnent une image aussi grande que l'objet, mais où la droite et la gauche sont inversées.
D'autres miroirs plus ou moins incurvés donnent une image plus grande, ou plus petite que l'objet.
Un rétroviseur est-il un miroir plan ?
Certains miroirs déformants donnent une image plus allongée ou au contraire plus large de l'objet, et peuvent même le montrer renversé.
Amuse-toi à te regarder dans le creux d'une cuillère en la tenant verticalement, puis horizontalement.
Regarde-toi ensuite dans le dos de la cuillère. Tu seras surpris par les différentes images que ce miroir peut te donner.
Pour fabriquer un miroir, on utilise une plaque de verre et on met, sur une face, une couche d'argent ou de peinture métallisée. Les métaux que l'on a rendus lisses, polis, peuvent aussi servir de miroir. Tu peux te voir par exemple dans un plateau métallique bien « astiqué ».

Si tu mets une goutte d'eau sur une lame de verre, tu peux fabriquer un verre grossissant. La goutte dévie la lumière et donne une image plus grosse, comme le fait une lentille.

Dans un palais de glaces, la courbure des miroirs déforme complètement les images. Suivant les endroits où l'on se regarde, on peut s'amuser à se voir monstrueusement grand ou bien tout petit.

Certains dispositifs en verre modifient la direction
de la lumière, la dévient, lorsqu'elle les traverse.
On les appelle des lentilles*. Les lentilles sont
utilisées dans les appareils photographiques ou les
caméras, pour réaliser sur la pellicule une image
réduite des objets.
D'autres lentilles sont, au contraire, grossissantes.
On les utilise comme loupe ou pour fabriquer des
jumelles, des microscopes ou des télescopes.
Si tu es myope, tu portes sûrement des lunettes.
Les verres de lunettes sont des lentilles (comme
les lentilles de contact). Ils dévient la lumière et
corrigent les défauts de nos yeux.

Ne dirait-on pas la photo
d'une vieille route pa-
vée? Et ces deux tiges?
Ce sont tout simplement
deux poils sur un mor-
ceau de peau observés
à travers un microscope
grosssissant 250 fois.

La vue

La vue est le sens* qui nous permet de percevoir la lumière, les couleurs et les formes. Les yeux sont les organes de la vue.

La lumière, envoyée par les sources de lumière ou les objets éclairés, se propage jusqu'à nos yeux.

Ferme un œil et demande à un ami de tenir un crayon en face de toi. Essaie de l'attraper. Tu vas probablement le manquer. Avec un seul œil tu ne peux pas avoir une idée exacte des distances.
Si tu as les deux yeux ouverts, tu saisis tout de suite le crayon. Chacun de tes deux yeux a une vision légèrement différente. La combinaison de ces deux impressions permet à ton cerveau de te renseigner sur les distances, d'avoir une vision en relief*.

La partie colorée de l'œil s'appelle l'iris. Quelle est la couleur de ton iris?
La pupille se trouve au milieu de l'iris. Tu as l'impression que la pupille est une pastille noire. En réalité, c'est un trou qui laisse rentrer la lumière dans l'œil. Tu crois que la pupille est noire mais c'est l'intérieur de l'œil que tu vois.

Une pellicule de film est formée d'un grand nombre de photos qui ont été prises très rapidement les unes à la suite des autres. Elles sont projetées à raison de 24 photos par seconde. À ce rythme, tes yeux et ton cerveau ne peuvent plus séparer les photos. C'est ce qui produit une impression de continuité, de mouvement.

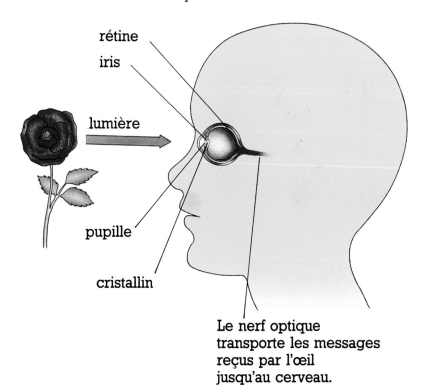

rétine
iris
lumière
pupille
cristallin

Le nerf optique transporte les messages reçus par l'œil jusqu'au cerveau.

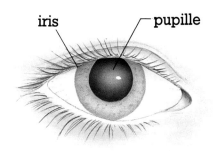

iris — pupille

Si tu observes tes yeux dans un miroir, tu vois qu'ils sont incurvés*. Tu ne vois qu'une partie de ton œil qui est en fait une sorte de boule : le globe oculaire. Il est entouré de membranes* qui le protègent.

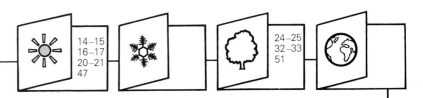

L'iris peut changer de taille et ouvrir plus ou moins l'orifice de la pupille. Regarde vers la lumière un petit moment et observe ta pupille dans le miroir. Elle est toute petite. Ferme les yeux deux ou trois minutes et regarde-toi dans le miroir. Ta pupille est plus grande, dilatée. Ainsi, l'iris peut augmenter l'ouverture de la pupille pour laisser rentrer plus de lumière dans ton œil ou rétrécir la pupille lorsque la lumière est trop forte.

La lumière entre dans l'œil. Elle traverse le cristallin qui est une lentille. Les rayons lumineux sont déviés par cette lentille et les substances gélatineuses de l'œil. Ils viennent au fond de l'œil, sur la rétine, former une image de l'objet que tu regardes. Cette image est toute petite et renversée. La rétine envoie par le nerf optique des renseignements à ton cerveau. Tu sais alors ce que tu vois. Si ton cristallin a un défaut, si tu es myope, par exemple, l'image ne se forme pas nettement sur la rétine. Les verres de lunettes corrigeront ce défaut.

Tu peux comparer ton œil et un appareil photographique. L'obturateur joue le rôle de tes paupières qui ouvrent ou ferment l'œil. Le diaphragme règle, comme ton iris, l'entrée de la lumière. L'objectif de l'appareil, comme ton cristallin, dévie les rayons lumineux qui forment une image. La pellicule est impressionnée, tu pourras la développer et avoir une photo (comme ta rétine est impressionnée, ce qui permet à ton cerveau de voir l'objet).

Ton cerveau te donne parfois des informations confuses. Que vois-tu sur ce dessin? Deux têtes vertes ou un vase jaune?

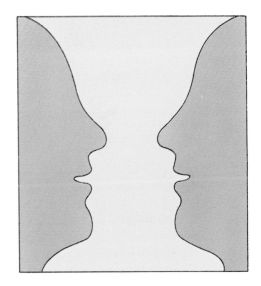

Les couleurs

Nous vivons dans un monde coloré et il est bien agréable d'être entouré d'objets, de fleurs de toutes les couleurs. Tu aimes sûrement colorier tes dessins ou faire de la peinture. Quelle est ta couleur préférée ?

Mais sais-tu pourquoi la nuit on ne voit pas de couleur ? Pourquoi il y a des arcs-en-ciel ? Pourquoi lorsque tu te trouves sous un éclairage orangé tes vêtements paraissent changer de couleur ? Sais-tu en fait exactement ce qu'est la couleur ?

Pour que tu voies quelque chose, il faut que de la lumière arrive dans ton œil. Si tu vois les objets colorés, c'est donc qu'ils t'ont envoyé de la lumière colorée. Mais tu sais que les objets ne produisent pas de lumière, ils peuvent seulement renvoyer la lumière qu'ils reçoivent du Soleil. Donc la lumière blanche du Soleil est constituée de plusieurs lumières colorées.

Tu peux maintenant comprendre le phénomène de l'arc-en-ciel. Les rayons lumineux voyagent en ligne droite mais sont déviés quand ils passent de l'air dans l'eau. Quand il pleut, les gouttes d'eau dans l'atmosphère dévient certaines couleurs plus que d'autres. Les couleurs sont alors séparées et forment l'arc-en-ciel.

Tu vois ici toutes les couleurs de l'arc-en-ciel. Tu trouves, à partir du sommet de l'arc, sept couleurs dans l'ordre suivant : rouge, orange, jaune, vert, bleu, indigo, violet.

Tu as sûrement vu apparaître les couleurs de l'arc-en-ciel sur une flaque d'eau tachée d'huile ou un bouchon de carafe. La lumière blanche a été décomposée* en lumières colorées.

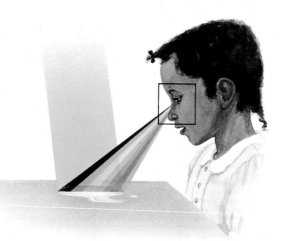

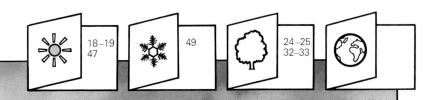

Pourquoi les objets sont-ils bleus ou rouges ?
Lorsqu'un objet éclairé par la lumière blanche te
paraît bleu, c'est qu'il ne renvoie pas toute la
lumière qu'il reçoit. Il absorbe toutes les couleurs
sauf la couleur bleue qu'il renvoie. Que se passe-t-il
si tu éclaires cet objet avec une lumière orangée ?
Comme il ne peut renvoyer que la couleur bleue, si
la lumière n'en contient pas, il ne peut pas en
renvoyer : il n'est plus bleu, il est sombre. Il en est
ainsi pour toutes les couleurs. Un objet blanc te
renvoie toutes les couleurs qu'il reçoit. Un objet
noir absorbe toutes les couleurs, il n'en renvoie
pas.
Si on mélange convenablement les couleurs de
l'arc-en-ciel, on peut obtenir du blanc car on
recompose la lumière blanche.
Le mélange de deux couleurs peut te donner une
autre couleur. À partir des couleurs de base, le
jaune, le bleu, le rouge, tu peux, en les mélangeant
deux par deux, obtenir les autres couleurs.

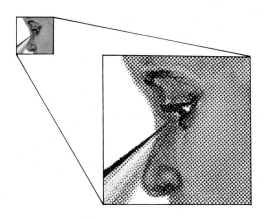

Observe d'abord la petite
photo. Elle te paraît faite de
nombreuses couleurs. En
dessous la même photo est
agrandie. Tu vois alors des
points de couleurs : des
jaunes, d'autres rouges, et
d'autres bleus. Leur combinaison donne d'autres couleurs. Cette technique qui
utilise trois couleurs s'appelle la trichromie.

Les forces et le mouvement

Pose un ballon sur une table, de manière à ce qu'il soit immobile. Si tu ne le touches pas, il reste immobile. Si tu le heurtes, il va rouler. Tu peux arrêter le mouvement d'un ballon en le bloquant. Lorsque tu es sur une bicyclette, tu peux en pédalant augmenter la vitesse, mais si tu appuies sur les poignées de freins, tu ralentis le mouvement.

Chaque fois qu'on modifie le repos ou le mouvement d'un corps, on dit que l'on a exercé une force sur lui. Une force peut aussi tordre, plier ou casser un objet.

Lorsqu'un objet est immobile, il reste immobile tant qu'on n'agit pas sur lui. Lorsqu'un palet est lancé sur la glace, il continue son chemin sans que tu aies besoin de le pousser. Si tu mets ton vélo à l'envers et que tu fais tourner la roue, elle continue à tourner seule. Un corps ne peut pas faire varier son mouvement tout seul. On dit qu'il a de l'inertie.

Si tu es debout dans un autobus, tu te sens projeté vers l'arrière lorsqu'il démarre, et vers l'avant lorsqu'il s'arrête. Cela est dû à ton inertie. On peut dire alors que des forces d'inertie t'empêchent un instant de suivre le mouvement du véhicule.

Quand une automobile percute un obstacle, elle est tout de suite arrêtée. Mais les passagers opposent une inertie à cet arrêt et sont projetés vers l'avant. Sur cette photo, tu vois les essais qui sont faits avec des mannequins pour améliorer la sécurité des passagers. La ceinture de sécurité est dans un cas comme celui-ci une bonne protection.

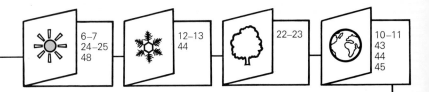

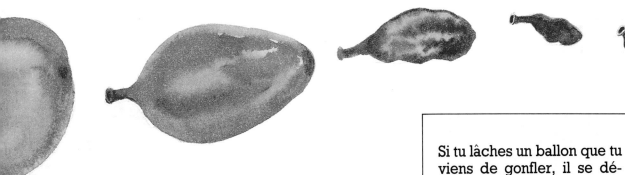

Si tu lances une balle sur un carrelage, elle roule longtemps. Si tu la lances de la même manière sur un tapis, un paillasson ou un sol irrégulier, tu constates qu'elle s'arrête très vite. Chaque fois qu'un objet se déplace en frottant contre un autre, il y a des forces qui gênent le déplacement. Ces forces sont appelées forces de friction. Sur le sol, elles sont très faibles si l'objet est une boule et si le sol est très lisse. Mais elles peuvent devenir très grandes si l'objet est lourd et s'il a un contact important avec un sol rugueux.

Une friction importante peut provoquer un dégagement de chaleur. Pour t'en rendre compte frotte plusieurs fois tes mains l'une contre l'autre.

Si tu lâches un ballon que tu viens de gonfler, il se déplace vers l'avant. L'air comprimé dans le caoutchouc s'échappe par l'ouverture dans un sens et propulse le ballon dans l'autre sens. On dit qu'il y a déplacement par propulsion* ou par réaction.

Lorsqu'une automobile se déplace, l'air s'oppose à son déplacement et exerce sur elle des forces de friction. Ces forces augmentent si le véhicule est à grande vitesse. Pour rendre ces forces plus faibles, les constructeurs d'automobiles cherchent la forme aérodynamique* idéale. Ils propulsent des filets d'air contenant de la fumée pour étudier la forme du véhicule qui permettra de diminuer les forces de friction et même de récupérer certains mouvements de l'air pour aider à la propulsion de la voiture.

Les machines simples

Des centaines de machines différentes nous aident dans notre travail. Elles nous permettent de voyager, de cultiver la terre, de fabriquer des objets, etc. Il serait très long d'écrire la liste des travaux que les machines font souvent plus vite que nous et plus régulièrement car elles ne se fatiguent pas. La plupart des machines modernes transforment l'énergie du courant électrique en énergie mécanique*. Certaines sont des machines thermiques; elles utilisent la chaleur dégagée pendant une combustion*. C'est le cas des moteurs à essence d'automobiles.

Mais il existe aussi des machines que nous alimentons avec notre énergie musculaire. Malgré toute ta force tu ne peux enfoncer un clou dans le mur. Si tu prends un marteau par l'extrémité du manche et que tu frappes avec la tête métallique, tu y parviens. Tu as exercé la même force, mais elle a été transmise par le marteau et son effet a été amplifié.

Les leviers sont des machines simples. À partir d'une force moyenne que tu exerces loin du point d'appui (l'axe) du levier, tu peux obtenir une grande force tout près de ce point d'appui. Les casse-noix, les cisailles, les sécateurs sont des doubles leviers.

Le « pied de biche » est un levier. Le bras le plus court du levier est placé sous la pierre. Si tu appuies du côté du manche à une distance dix fois plus grande que le petit bras du levier, l'effet de ta force est environ dix fois plus grand.

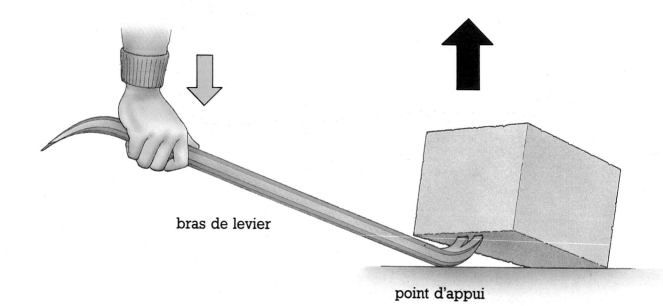

bras de levier

point d'appui

Regarde les freins d'une bicyclette. Tu constates qu'il y a près des mâchoires de frein des systèmes de leviers. Ils amplifient l'effet que l'on exerce sur les poignées de freins.

Les poulies et les treuils qui permettent de soulever des objets sans avoir à les porter à bout de bras, sont des machines simples. Lorsque tu utilises un treuil, tu peux soulever des objets qui seraient normalement trop lourds pour toi.

Les systèmes d'engrenages*, de roues dentées reliés par des courroies ou des chaînes, permettent de transmettre des mouvements. Ces systèmes permettent aussi d'augmenter l'effet des forces.

Quand tu appuies sur la pédale de ta bicyclette, tu exerces la force loin de l'axe du pédalier : son effet sera important sur le plateau du pédalier. La roue dentée du pédalier se met à tourner. Le mouvement est en même temps transmis par la chaîne au pignon de la roue arrière. Comme le même nombre de maillons de la chaîne passe sur le plateau du pédalier et sur le pignon, la roue dentée la plus petite tourne plus rapidement. Pour un tour de pédalier, le pignon (donc, la roue arrière) pourra faire, deux, trois ou quatre tours.

Des poulies à plusieurs gorges ou des poulies groupées pour former un palan sont utilisées sur les grues pour déplacer des charges très importantes.

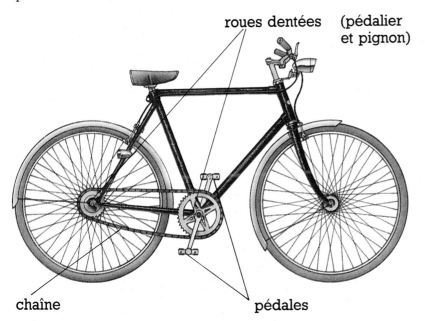

roues dentées (pédalier et pignon)

chaîne   pédales

Lorsque tu appuies sur la pédale d'une bicyclette, la roue tourne plus vite que le pédalier. Lorsque la bicyclette comporte un changement de vitesses, on peut faire passer la chaîne sur différents plateaux du pédalier ou différents pignons de la roue arrière. En jouant sur les combinaisons de roues dentées on peut doser son effort et sa vitesse : avec un grand plateau et un petit pignon on va vite mais la force à produire pour appuyer sur les pédales doit être grande.

Le moteur d'automobile

Peux-tu imaginer un monde moderne sans automobile ?

Pourtant le premier moteur est né il n'y a pas tout à fait cent ans !

Sais-tu qu'en 1900 on s'émerveille devant des voitures qui roulent à 16 km par heure ? La plupart n'ont même pas de marche arrière.

En 1903, on organise une grande course avec des « bolides » qui peuvent atteindre une vitesse de 100 km par heure !... Les routes ne sont pas goudronnées. Les pneus ne sont pas au point, les freins cassent. Les accidents sont si nombreux qu'on est obligé d'arrêter la course.

Depuis cette époque on n'a pas cessé d'améliorer la forme, l'aérodynamisme* des automobiles, leur sécurité, leur confort. Les moteurs sont de plus en plus perfectionnés, de plus en plus puissants (avec aujourd'hui la turbocompression).

Les moteurs d'automobiles ou d'avions utilisent la chaleur, l'énergie de combustion* d'un mélange d'essence ou de gazole avec l'air. Cette énergie thermique* est transformée en énergie mécanique.

La plupart des moteurs fonctionnent en 4 temps :
1) La soupape d'admission s'ouvre pour laisser entrer le mélange air-essence dans le cylindre.
2) Le piston remonte dans le cylindre et comprime le mélange.
3) Lorsque la bougie alimentée par du courant électrique produit une étincelle, le mélange air-essence brûle : c'est l'explosion. Un grand dégagement de chaleur se produit.
Le mélange surchauffé pousse sur le piston qui descend en entraînant la bielle. La bielle pousse à son tour le vilebrequin, une sorte de manivelle qui va tourner et entraîner l'arbre moteur.
4) Ensuite, le piston remonte en poussant les gaz brûlés vers la soupape d'échappement. L'ouverture de la soupape d'échappement permet aux gaz de s'évacuer par le pot d'échappement.
La même opération se répète continuellement dans les 4 cylindres qui fonctionnent en alternance.
Pendant que dans le premier cylindre se produit la compression, dans le deuxième c'est l'explosion.

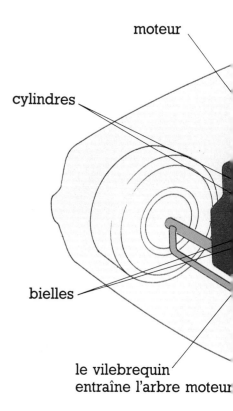

barre de direction

moteur

cylindres

bielles

le vilebrequin entraîne l'arbre moteur

Cette automobile est à traction arrière. Ce sont les roues arrières qui la font avancer. Elles sont les roues motrices.
La boîte de vitesses comprend des engrenages* qui permettent de modifier la vitesse de rotation de l'arbre moteur ou son sens de rotation pour faire marche arrière. La boîte de vitesses est reliée à l'embrayage.

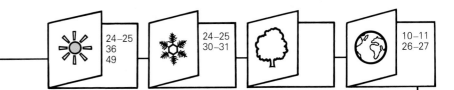

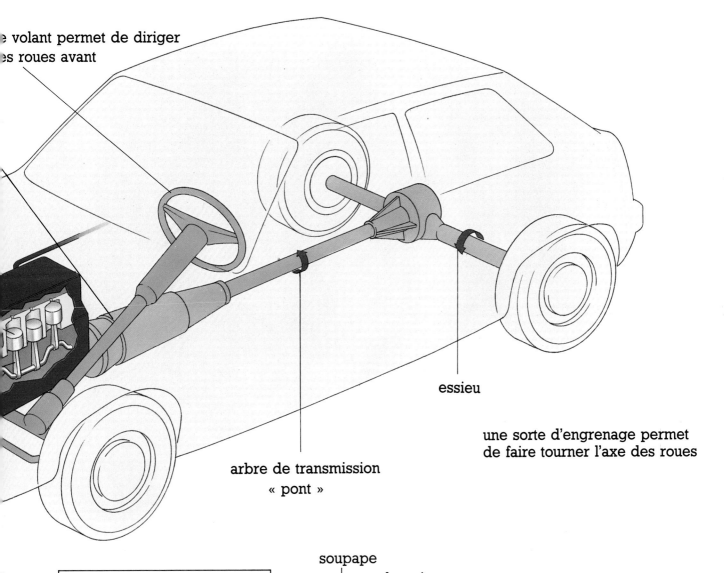

le volant permet de diriger
les roues avant

essieu

une sorte d'engrenage permet
de faire tourner l'axe des roues

arbre de transmission
« pont »

Le moteur est alimenté par
un mélange d'air et d'essence qui arrive dans les
cylindres. Il y a en général
quatre cylindres dans lesquels coulissent les pistons.

soupape

bougie

cylindre

piston

bielle

1. admission
air + essence

2. compression

3. explosion

4. échappement
des gaz

Les quatre temps d'un moteur à essence

La gravitation

La force de gravitation terrestre est très importante. Aussi est-il très difficile de s'y arracher pour se propulser dans l'Espace. Des fusées lanceuses très puissantes propulsent les satellites ou les vaisseaux spatiaux. Lorsque la vitesse est suffisante, le satellite ou le vaisseau spatial tournent autour de la Terre en orbite. Leur vitesse atteint alors plusieurs milliers de kilomètres par heure.

Lorsque tu sautes ou que tu perds l'équilibre, tu constates que tu suis le même chemin que les objets qui basculent ou les fruits mûrs qui tombent des arbres. Tous les corps sont attirés par la Terre. Ces forces d'attraction sont appelées forces de gravitation. Tous les corps s'attirent mutuellement. La Terre t'attire mais toi aussi tu exerces une force de gravitation sur elle. Mais c'est le plus gros qui gagne : c'est donc toi qui tombe vers la Terre. Les forces de gravitation peuvent s'exercer de très loin entre des objets très gros.
Ce sont ces forces qui sont responsables du mouvement de la Terre et des planètes.
L'eau des océans est maintenue contre la Terre par les forces de gravitation. Mais, le Soleil et surtout la Lune plus proche de la Terre, attirent les masses d'eau des océans. Cette attraction est à l'origine des marées.

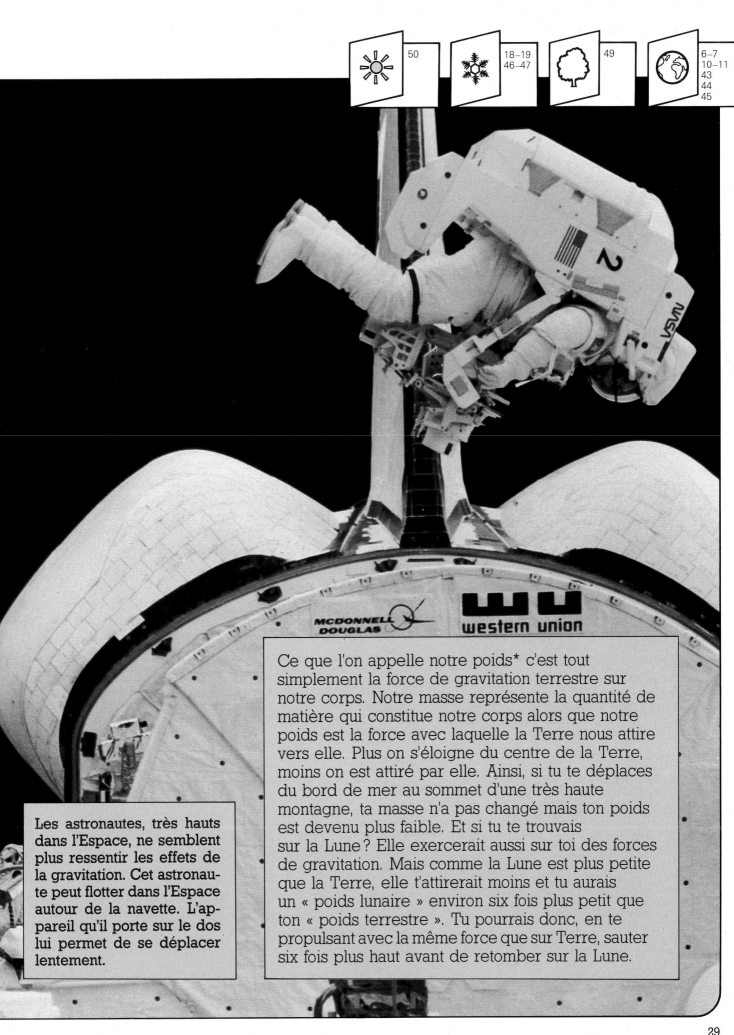

50 18–19 46–47 49 6–7 10–11 43 44 45

Ce que l'on appelle notre poids* c'est tout simplement la force de gravitation terrestre sur notre corps. Notre masse représente la quantité de matière qui constitue notre corps alors que notre poids est la force avec laquelle la Terre nous attire vers elle. Plus on s'éloigne du centre de la Terre, moins on est attiré par elle. Ainsi, si tu te déplaces du bord de mer au sommet d'une très haute montagne, ta masse n'a pas changé mais ton poids est devenu plus faible. Et si tu te trouvais sur la Lune ? Elle exercerait aussi sur toi des forces de gravitation. Mais comme la Lune est plus petite que la Terre, elle t'attirerait moins et tu aurais un « poids lunaire » environ six fois plus petit que ton « poids terrestre ». Tu pourrais donc, en te propulsant avec la même force que sur Terre, sauter six fois plus haut avant de retomber sur la Lune.

Les astronautes, très hauts dans l'Espace, ne semblent plus ressentir les effets de la gravitation. Cet astronaute peut flotter dans l'Espace autour de la navette. L'appareil qu'il porte sur le dos lui permet de se déplacer lentement.

Le magnétisme

As-tu quelquefois joué avec un aimant ?
Si c'est le cas, tu as pu voir que l'aimant attire vers
lui les objets en fer, les épingles et les clous par
exemple. Les aimants peuvent agir de loin.
Ils exercent des forces à distance. Amuse-toi à
mettre un morceau de fer dans une petite boîte
d'allumettes. Si tu approches l'aimant de la boîte,
le fer est attiré et il entraîne la boîte contre
l'aimant. Les forces exercées par un aimant sont
appelées forces magnétiques.
Les aimants n'attirent que certains objets
métalliques : ceux qui contiennent du fer
ou du nickel. Ce sont des métaux magnétiques.
Les aimants sont en fer qui est le métal magnétique
le plus courant.
Pends un aimant droit au bout d'un fil noué bien au
milieu de l'aimant. Attends que l'aimant arrête de
bouger et observe sa position. Tourne ensuite
légèrement l'aimant : tu constates qu'il revient à sa
première position. Il s'oriente toujours de façon à
avoir une extrémité vers le Nord et l'autre vers le
Sud. On appelle pôle nord d'un aimant l'extrémité
qui s'oriente vers le Nord. L'autre extrémité de
l'aimant est son pôle sud.

Tu peux voir ici des morceaux de fer et d'acier, attirés par un électro-aimant très puissant.
La grue déplace ces aimants, appelés aimants de levage, avec leur charge de ferraille.

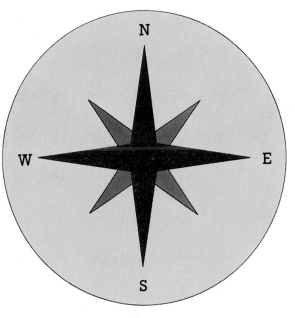

Ce train est une navette qui circule à l'aéroport de Birmingham. Il est très bizarre car il se déplace légèrement au-dessus de la voie. Ce sont des forces magnétiques qui le maintiennent en suspension.

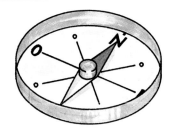

Si on approche le pôle nord d'un aimant du pôle sud d'un autre aimant, les pôles s'attirent et se réunissent. On a du mal à les écarter.
Si on approche le pôle nord de l'un des aimants du pôle nord de l'autre, ces pôles se repoussent. On ne parvient pas à les mettre en contact. De la même manière, les deux pôles sud se repoussent. Ainsi, avec deux aimants, on peut observer soit des attractions, soit des répulsions.

Tu sais qu'une boussole indique le Nord. En effet, l'aiguille de la boussole est simplement un tout petit aimant qui tourne autour d'un pivot. Son pôle nord s'oriente toujours dans la même direction. Tu peux donc savoir où est le Nord géographique.
La Terre agit sur les aimants car elle est elle-même une sorte d'aimant. Ses effets magnétiques sont dus à certaines roches qui se trouvent sous le sol à de très grandes profondeurs.
Le courant électrique a également des effets magnétiques. Certains aimants très puissants « fonctionnent » à l'électricité. Ce sont d'énormes bobines de fils électriques qui entourent un noyau de fer. On les appelle électro-aimants. Lorsque le courant électrique ne les traverse plus, l'effet magnétique s'arrête.

L'aiguille de la boussole tourne et se stabilise pour t'indiquer le Nord. Il te suffit ensuite de tourner la boussole pour faire coïncider le pôle nord de l'aiguille avec le Nord de la « rose des vents ». Tu peux alors t'orienter. (L'ouest est indiqué par un O ou un W = West en anglais.)

L'ÉLECTRICITÉ

L'électricité statique

Sais-tu qu'il est facile de faire apparaître de l'électricité ? Si tu as les cheveux bien secs, prends une brosse à poils synthétiques ou un peigne en matière plastique et passe-les plusieurs fois énergiquement dans tes cheveux.

À présent, tiens la brosse ou le peigne au-dessus de ta tête. Tu constates que tes cheveux ont tendance à se dresser : en les frottant avec un objet en matière synthétique, tu as fait apparaître sur eux un peu d'électricité. Le peigne ou la brosse se sont eux aussi chargés d'électricité.

Mais l'électricité portée par le peigne ou la brosse n'est pas du même type que celle portée par tes cheveux.

Lorsque des corps sont chargés d'électricité de type différent, ils s'attirent. C'est le cas de la brosse qui attire les cheveux et les fait se dresser. Lorsque des corps sont chargés d'électricité de même type, ils se repoussent.

Ces charges électriques que l'on fait apparaître par frottement constituent l'électricité statique. Elle ne circule pas et reste à l'endroit frotté. Les corps qui portent cette électricité statique sont électrisés.

Les éclairs sont dus à l'électricité statique accumulée dans les nuages. Ce sont d'énormes étincelles qui jaillissent entre deux nuages ou d'un nuage vers le sol.

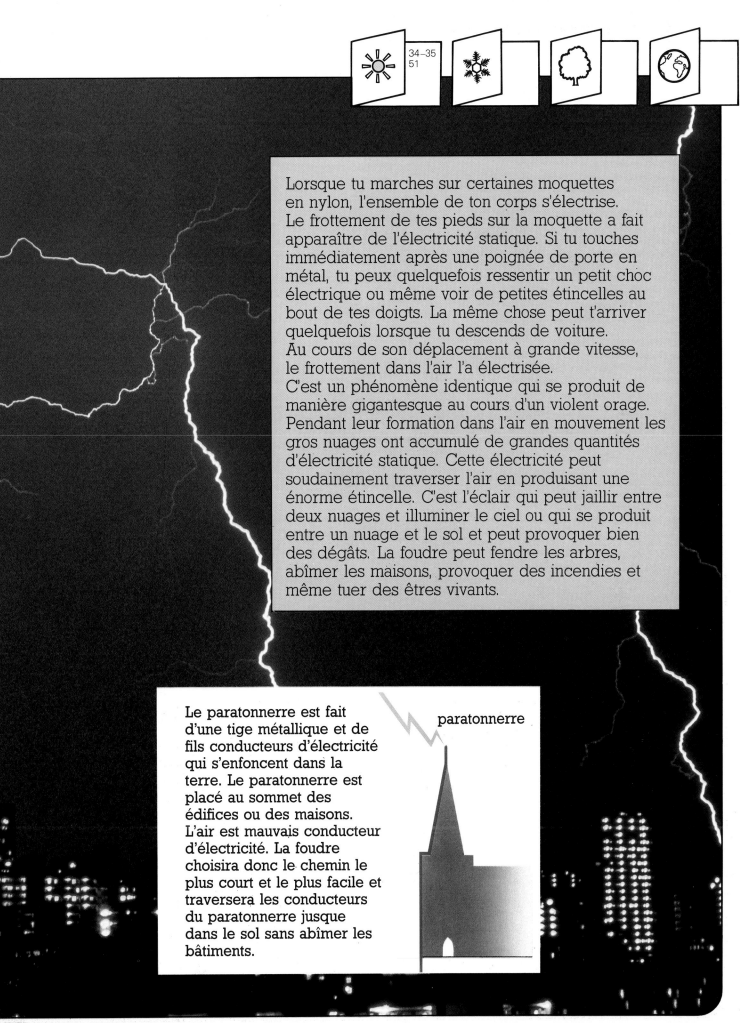

Lorsque tu marches sur certaines moquettes
en nylon, l'ensemble de ton corps s'électrise.
Le frottement de tes pieds sur la moquette a fait
apparaître de l'électricité statique. Si tu touches
immédiatement après une poignée de porte en
métal, tu peux quelquefois ressentir un petit choc
électrique ou même voir de petites étincelles au
bout de tes doigts. La même chose peut t'arriver
quelquefois lorsque tu descends de voiture.
Au cours de son déplacement à grande vitesse,
le frottement dans l'air l'a électrisée.
C'est un phénomène identique qui se produit de
manière gigantesque au cours d'un violent orage.
Pendant leur formation dans l'air en mouvement les
gros nuages ont accumulé de grandes quantités
d'électricité statique. Cette électricité peut
soudainement traverser l'air en produisant une
énorme étincelle. C'est l'éclair qui peut jaillir entre
deux nuages et illuminer le ciel ou qui se produit
entre un nuage et le sol et peut provoquer bien
des dégâts. La foudre peut fendre les arbres,
abîmer les maisons, provoquer des incendies et
même tuer des êtres vivants.

Le paratonnerre est fait
d'une tige métallique et de
fils conducteurs d'électricité
qui s'enfoncent dans la
terre. Le paratonnerre est
placé au sommet des
édifices ou des maisons.
L'air est mauvais conducteur
d'électricité. La foudre
choisira donc le chemin le
plus court et le plus facile et
traversera les conducteurs
du paratonnerre jusque
dans le sol sans abîmer les
bâtiments.

paratonnerre

Le courant électrique

En camping ou pour te promener la nuit, tu as sans doute utilisé une lampe de poche. Lorsque tu déplaces l'interrupteur qui se trouve sur le boîtier, tu allumes ou tu éteins la lampe.

L'électricité que tu utilises alors n'est pas de l'électricité statique. Elle est fournie par la pile, circule à travers les languettes de laiton et traverse la lampe. C'est du courant électrique.

Pour que le courant circule, il faut réaliser un circuit électrique et pour cela, relier entre eux des corps conducteurs c'est-à-dire des corps qui permettent le passage du courant.

Si tu observes l'ampoule d'une lampe de poche, tu constates qu'elle a deux bornes métalliques conductrices : il y a le plot à la partie inférieure et le culot (la partie que tu visses lorsque tu mets l'ampoule dans le boîtier). Le courant entre par une borne, traverse le filament de l'ampoule et sort par l'autre borne. Lorsque tu éteins ta lampe, l'interrupteur ouvre le circuit* : il y a alors une coupure dans la chaîne de conducteurs; le courant ne passe plus dans l'ampoule et la lampe s'éteint.

Les lampes que l'on utilise dans une maison sont sensiblement les mêmes que celle de ta lampe de poche. Observe le filament dans l'ampoule. Il est formé d'un enroulement de métal, le tungstène, et il est relié aux deux bornes de l'ampoule.
À l'intérieur de l'ampoule, il y a un gaz particulier, l'argon. Lorsque le courant passe dans le filament, il provoque un échauffement très fort du filament. Ce dernier devient alors lumineux. Sais-tu que l'ampoule électrique a été inventée il n'y a qu'un peu plus de cent ans?

Dans les maisons et dans les rues, le courant n'est pas fourni par une pile. Il arrive d'une centrale électrique et a été transporté par des câbles souterrains ou aériens. Ce courant est beaucoup plus intense que celui fourni par une pile, et il ne se déplace pas de la même manière. C'est du courant alternatif. Sur le dessin, tu peux voir comment le courant est acheminé par câbles dans la rue et dans ta maison.

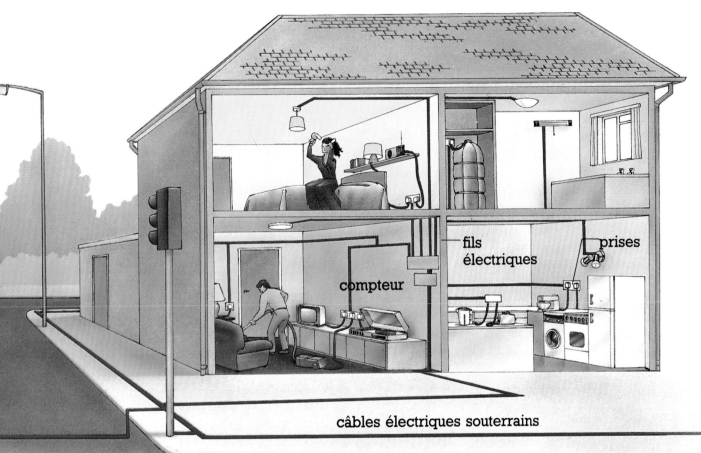

fils
électriques

prises

compteur

câbles électriques souterrains

Chez toi, le courant arrive des centrales électriques de l'E.D.F. (Électricité de France). Il arrive par le compteur qui enregistre la consommation d'électricité. Un disjoncteur, placé après le compteur, peut couper le circuit en cas de danger. Le courant est ensuite transporté vers les lampes ou les prises par des fils électriques en général cachés dans les murs. La gaine de matière plastique qui entoure le métal des fils électriques est un isolant. Elle empêche le courant de passer d'un fil à l'autre, ce qui provoquerait un court-circuit très dangereux.

L'ÉLECTRICITÉ NOUS EST TRÈS UTILE MAIS ELLE PEUT ÊTRE AUSSI TRÈS DANGEREUSE.
Ne mets jamais les mains à l'intérieur d'un appareil électrique, ne joue pas avec les prises.
Il faut toujours débrancher un appareil avant de le réparer et il est recommandé de couper le courant pour changer une lampe.

cloche

bouton

marteau

bobine   pile

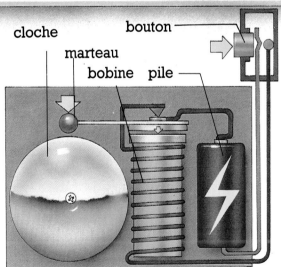

Une sonnette électrique à pile.
Lorsque tu appuies sur le bouton, tu fermes le circuit ; l'électro-aimant attire la tige du battant qui frappe alors la cloche.

La production

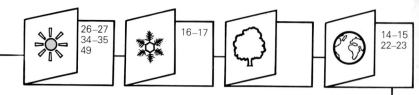
26–27 34–35 49 16–17 14–15 22–23

Lorsque l'électricité arrive chez nous, elle a déjà beaucoup voyagé. Elle a d'abord été produite dans une usine appelée centrale électrique. Elle a été ensuite transportée dans de gros fils, les câbles, supportés par de grandes tours d'acier appelées pylônes. Tu as pu en voir d'énormes qui supportent des lignes dites à haute tension souvent signalées par de grosses boules brillantes placées sur les câbles.

Dans les centrales thermiques, on chauffe énormément d'eau pour la faire passer à l'état de vapeur en brûlant du fioul ou du charbon. Dans les centrales nucléaires, on utilise l'énergie obtenue à partir de l'uranium pour obtenir la vapeur d'eau. La vapeur entraîne alors des turbines qui font tourner les alternateurs. Ce sont les alternateurs qui produisent le courant électrique.

Dans les centrales hydro-électriques, c'est l'eau descendant des hautes montagnes ou des barrages qui entraîne les turbines. Elle est canalisée dans de gros tuyaux appelés conduites forcées. Elle arrive avec beaucoup d'énergie sur les pales des turbines qui tournent en entraînant les alternateurs.

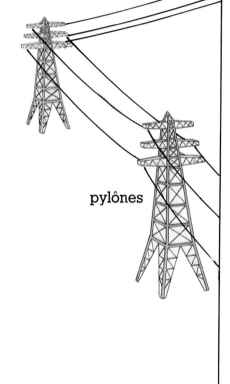

pylônes

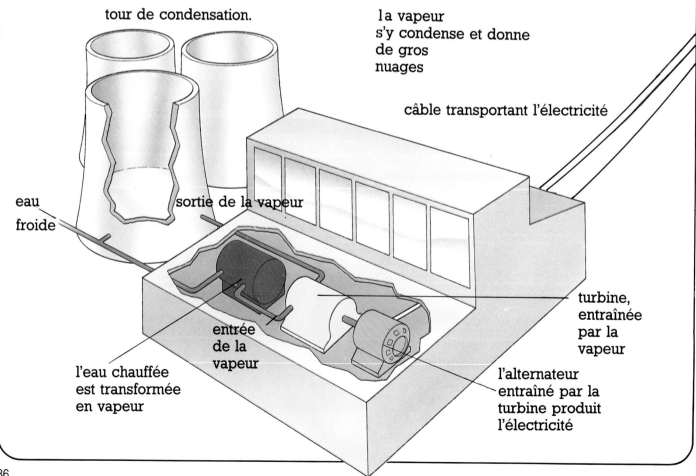

tour de condensation.

la vapeur s'y condense et donne de gros nuages

câble transportant l'électricité

eau froide

sortie de la vapeur

turbine, entraînée par la vapeur

entrée de la vapeur

l'eau chauffée est transformée en vapeur

l'alternateur entraîné par la turbine produit l'électricité

ACTIVITÉS

TABLE DES MATIÈRES

COMMENT RÉUSSIR TES EXPÉRIENCES

Pour réaliser les expériences proposées dans la partie Activités, tu disposes de la liste de matériel indiquée au début de chacune d'elles. Le matériel est indispensable à la réussite des expériences. Il a été choisi parmi des objets que tu as l'habitude d'utiliser. Tu n'auras donc pas à te familiariser avec eux et tu réaliseras ainsi plus facilement les expériences.

Les dessins qui accompagnent le texte te montrent les étapes successives du déroulement des expériences. En les observant attentivement, tu peux vérifier que tu procèdes de la bonne manière et dans le bon ordre.

À droite du titre, en haut de la page, tu reconnais le symbole du livre inscrit sur la vignette. Les numéros te renvoient à la partie documentaire correspondante. Avant de réaliser une expérience, nous te conseillons de relire la page ou le chapitre qui la concerne.

À la fin de la partie Activités, deux jeux te sont proposés. Ils te permettent de faire le point de façon amusante sur les connaissances que tu auras acquises en lisant ce livre et en réalisant les expériences.

QUELQUES CONSEILS DE PRUDENCE !

Avant de commencer une expérience, lis attentivement ces conseils, car certaines d'entre elles peuvent réclamer des précautions particulières.

Attention !
Lorsque ce mot apparaît en début d'expérience, cela signifie que tu dois prendre les précautions qui te sont indiquées.

Avant de commencer une expérience protège la table, le bureau ou l'endroit sur lequel tu vas travailler.

Éloigne-toi des prises de courant électrique dans les expériences où tu utilises de l'eau.

Demande à une grande personne de t'aider si tu dois utiliser un marteau ou un objet coupant.

Lorsque tu utilises des objets pointus comme des aiguilles et des clous, ou cassants comme le verre, tu dois être particulièrement prudent.

N'UTILISE JAMAIS LES PRISES DE SECTEUR DU COURANT ÉLECTRIQUE DE TA MAISON.
Pour les expériences sur l'électricité, utilise toujours les piles que tu trouves dans le commerce.

N'UTILISE JAMAIS D'EAU BOUILLANTE.
Si une expérience réclame de l'eau chaude, utilise celle du robinet ou demande à une grande personne de t'aider.

NE GOÛTE JAMAIS UN PRODUIT,
sauf si l'expérience le demande.

Un bateau à moteur élastique

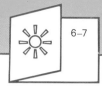

Utilise l'énergie d'un élastique pour propulser un bateau.

A toi de jouer !

Matériel

- une plaque de polystyrène
- un bouchon
- 2 gros bracelets de caoutchouc
- 4 petites cuillères en matière plastique
- un couteau

1

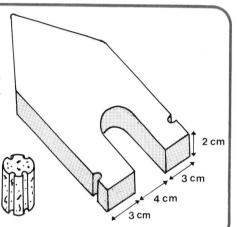

Dans un bloc de polystyrène, découpe la coque de ton bateau comme le montre le schéma. Prends un bouchon de 3 cm de longueur. Fais-toi aider pour tailler au couteau quatre rainures le long du bouchon.

2

Casse le manche des cuillères et plante-les dans le bouchon. Place les deux bracelets élastiques dans les rainures du bouchon. Tu as réalisé une sorte de « roue à aubes ».

3

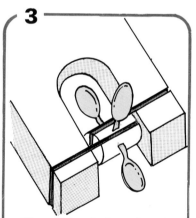

Place bien le bouchon à l'arrière du bateau en mettant les bracelets élastiques dans les échancrures du polystyrène.

Fais fonctionner le bateau. Fais faire quelques tours au bouchon pour « entortiller » les élastiques. Tiens bien le bouchon. Pose ton bateau sur l'eau... et lâche tout.
Tu as utilisé l'énergie de l'élastique pour faire tourner la « roue à aubes » et propulser ton bateau.
Un mode de propulsion équivalent était répandu aux États-Unis au siècle dernier. Ce sont les bateaux à aubes qui parcourent encore les rives du Mississippi pour les touristes. Mais, bien sûr, ils utilisaient l'énergie de la vapeur pour avancer et non celle des élastiques !

La dilatation

Le savais-tu ?

Tu as déjà vu que le liquide monte dans un thermomètre lorsque la température s'élève : il occupe plus de volume. Les solides aussi s'allongent, se dilatent lorsqu'ils reçoivent de la chaleur. Et les gaz ? Comment le savoir puisqu'ils sont invisibles ?

À toi de jouer !

1

Essaie de fixer le ballon sur le col de la bouteille. Si le col du ballon est trop étroit, coupe un bout du caoutchouc. Attention, fais des essais, ne coupe pas trop, le ballon doit bien fermer la bouteille.

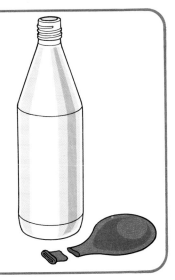

Matériel

- une bouteille d'eau minérale vide
- un ballon gonflable en caoutchouc
- des ciseaux

2

Tu dis que la bouteille est vide, mais tu sais qu'elle est pleine d'air invisible.

3

Sors la bouteille du réfrigérateur. Fixe bien le ballon. Pose la bouteille dans un endroit chaud, au soleil ou sur un radiateur.
Que se passe-t-il ?

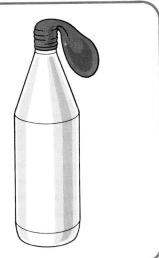

Le ballon se gonfle. L'air froid de la bouteille s'est échauffé. Son volume a augmenté, il occupe plus de place, il se dilate et va remplir le ballon.
Prends la bouteille chaude, remets-la au réfrigérateur. Que fait le ballon ? L'air est devenu plus froid. Son volume diminue. Il se contracte.

La chaleur « voyage »

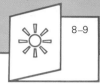

Le savais-tu ?

La chaleur d'un radiateur peut « voyager ».

A toi de jouer !

Matériel

- des ciseaux
- un morceau de papier d'aluminium de 10 cm sur 10 cm
- une épingle ou un clou à tête
- un bouchon de liège

1

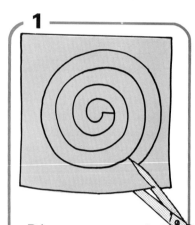

Découpe une spirale dans le papier aluminium. Plante l'épingle ou le clou au centre de ta spirale. Enfonce la pointe de l'épingle dans le bouchon.

2

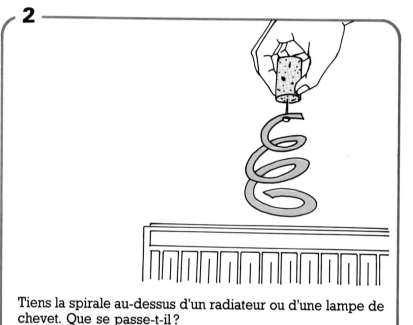

Tiens la spirale au-dessus d'un radiateur ou d'une lampe de chevet. Que se passe-t-il ?

L'air qui se trouve au-dessus de la lampe ou du radiateur s'est échauffé. Les gaz se dilatent, leur volume augmente lorsque la température est plus élevée. L'air chaud devient alors moins dense*. Il est plus léger que l'air froid. Il monte et son mouvement entraîne la spirale et la fait tourner. Ce mouvement de l'air est appelé mouvement de convection. De l'air froid remplace l'air chaud qui est monté. Ainsi, sans arrêt, l'air chaud s'éloigne de la source chaude, l'air froid le remplace et s'échauffe à son tour. Tout l'air de la pièce circule ainsi et vient s'échauffer sur le radiateur.
Si d'énormes quantités d'air froid se déplacent pour remplacer l'air chaud qui monte par convection, il y a un grand courant d'air ; c'est ainsi que le vent se forme.

Chaleur et couleur

Si tu portes un pantalon et un pull de couleurs différentes, tu as remarqué qu'en plein soleil tu n'as pas la même sensation de chaleur au niveau des bras et des cuisses. La couleur joue-t-elle un rôle dans l'absorption de la chaleur ?

Matériel

- 3 boîtes de boisson vides (tu peux aussi prendre 3 boîtes de conserves identiques. Dans ce cas, tu as besoin de 3 petits cartons pour couvrir les boîtes)
- un thermomètre
- des feuilles de papier blanc. Des peintures et un pinceau
- 6 bracelets élastiques
- des ciseaux

À toi de jouer !

1

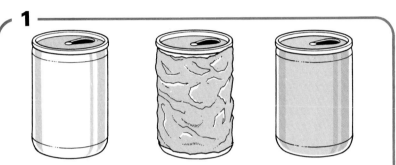

Entoure chaque boîte d'une feuille de papier de couleur différente (noir, rouge et blanc). Resserre bien le papier avec les élastiques.

2

Remplis les trois boîtes d'eau sans tacher ton papier. Relève la température de l'eau dans les boîtes avec un thermomètre. Place les boîtes en plein soleil durant une demi-heure. Note à présent la température de l'eau dans chaque boîte. Est-elle la même ? Quelle est la plus chaude ?

Tu peux t'amuser à refaire cette expérience avec des boîtes de toutes les couleurs et noter les résultats. Les boîtes n'ont pas laissé traverser la chaleur, ne l'ont pas absorbée de la même façon. La couleur noire a permis une grande absorption de la chaleur. La couleur blanche ne permet pas une bonne absorption. Si ton pantalon est noir et ton pull blanc, tes cuisses recevront plus de chaleur que tes bras.

Conserver la chaleur

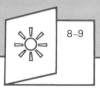

Le savais-tu ?

L'air est un isolant à condition qu'on l'empêche de circuler.

A toi de jouer !

Matériel

- 4 boîtes vides
- du papier journal
- un tissu de laine
- un morceau de laine de verre
- des élastiques
- un thermomètre

1

Enveloppe bien les boîtes, l'une avec le papier journal, l'autre avec le chiffon de laine, la troisième avec la laine de verre. Fixe-les bien avec des élastiques. La quatrième boîte ne sera pas recouverte. Elle est entourée d'air.

2

Remplis les quatre boîtes d'eau bien chaude du robinet. Fais-le le plus vite possible.
Au bout d'une demi-heure, note la température de l'eau dans chaque boîte.

Quel emballage t'a permis de conserver le plus de chaleur dans la boîte ? Les corps qui empêchent les échanges de chaleur sont appelés isolants thermiques. Autour de la boîte non recouverte, l'air en mouvement a transporté la chaleur dans la pièce.
Recommence ta première expérience mais en mettant de l'eau froide et un glaçon dans chaque boîte. Au bout d'une demi-heure, observe tes glaçons. Tu constates que la boîte la mieux isolée thermiquement, celle qui ne laissait pas sortir la chaleur, ne l'a pas non plus laissé rentrer. Un isolant peut donc nous aider à maintenir un objet au chaud, mais aussi à le maintenir froid.

Un téléphone à fil

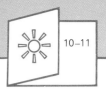

Avec deux gobelets et une ficelle, tu vas fabriquer un téléphone.

A toi de jouer !

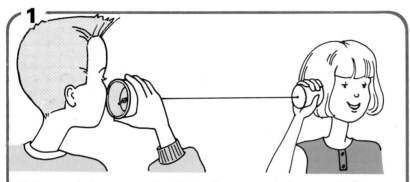

1

Fais un petit trou au fond de chaque pot de yaourt. Passe une extrémité de la ficelle par le dessous du pot. Fais un nœud dans le pot et passe un trombone entre le nœud et le fond du pot. La ficelle ne pourra plus sortir du pot. Fais la même chose pour l'autre pot. Dis à un ami de prendre un des pots. Tendez la ficelle. À présent, chuchote une phrase dans le pot ; ton ami utilisera l'autre pot comme écouteur.

Matériel

- deux pots de yaourt vides
- une longue ficelle ou cordelette (de à peu près 10 mètres)
- des ciseaux
- deux trombones

Le son se transmet mieux par les solides que par l'air. Essaie avec une ficelle moins tendue, plus courte, avec une corde en nylon, avec des pots de yaourt plus gros. Fabrique alors le téléphone à fil le plus sensible.

Sons graves et aigus

A toi de jouer !

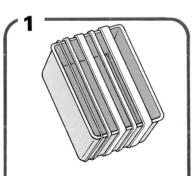

1

Place bien les bracelets élastiques autour de la boîte. Fais vibrer chaque élastique. Écoute le son que chacun produit pendant sa vibration.

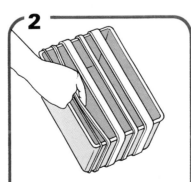

2

Ordonne-les sur ta boîte. Commence par celui qui donne le son le plus grave jusqu'à celui qui donne le son le plus aigu.

Matériel

- une boîte peu profonde, sans couvercle, d'au moins 10 cm de longueur
- des bracelets de caoutchouc de longueur et de grosseur différentes

Tu constates que le son émis par les « élastiques » dépend de leur grosseur mais aussi de la manière dont tu les as tendus. Regarde les cordes d'une guitare, elles n'ont pas la même grosseur et ne sont pas tendues de la même manière pour donner des sons différents.

Fabrique un périscope

À toi de jouer !

Matériel

- un long tube de carton rigide (emballage d'affiches par exemple)
- deux petits miroirs de poche
- du papier collant
- des ciseaux
- un cutter
- deux cercles de carton (de même diamètre que celui du tube)

1

Demande à une grande personne de t'aider à découper des ouvertures dans le tube à l'aide d'un cutter. Il faut couper une première fois bien à 45° de l'axe du tube et une deuxième fois bien perpendiculairement à cet axe. Faire la même ouverture à l'autre extrémité du tube. Attention, les deux ouvertures doivent être opposées.

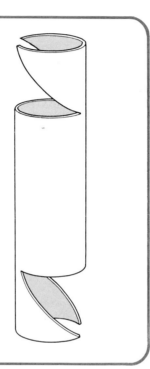

2

Ferme les extrémités du tube avec les deux cercles de carton en les collant soigneusement. Fixe les deux miroirs contre les parois inclinées des deux ouvertures. La face réfléchissante des miroirs doit être tournée vers l'intérieur du tube. Ton périscope est prêt.

3

Tu peux à présent voir au-dessus d'une haie ou d'un mur plus haut que toi. La lumière se réfléchit sur le miroir supérieur puis sur le deuxième miroir, et arrive à ton œil. Tu as fabriqué un périscope ressemblant à ceux utilisés dans les sous-marins.

Des couleurs dans le blanc

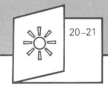

Pour ton expérience, choisis une journée ensoleillée. Le soleil ne doit pas être trop haut dans le ciel.

Matériel

- une feuille de papier blanc
- un verre
- un pot à eau
- un morceau de carton (type bristol)
- du papier collant
- des ciseaux
- un bouchon
- une épingle ou un clou à tête
- un cercle en carton de 10 cm de diamètre
- des crayons de couleur
- un rapporteur
- une règle

À toi de jouer !

1 Mets-toi devant une fenêtre. Mets la feuille de papier blanc au soleil. Pose le verre sur le papier.

2 Mesure sur ton carton la hauteur du verre. Fais une marque. Découpe à partir de cette marque une fente de 1 cm de large et de 4 cm de hauteur. Colle le carton sur le verre avec deux morceaux de papier collant. À l'aide du pot à eau, remplis le verre à ras bord.

Observe le papier blanc. Que vois-tu ? La lumière blanche a été décomposée en couleurs de l'arc-en-ciel. Le blanc est en fait composé de couleurs.

Et si tu refaisais du blanc ?

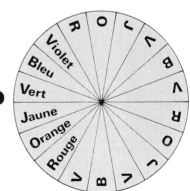

À l'inverse, tu peux reconstituer le blanc à partir des couleurs de l'arc-en-ciel. Prends un cercle en carton et divise-le en dix-huit parts égales avec ton rapporteur et ta règle. Peins-les en violet, bleu, vert, jaune, orange et rouge. Recommence au violet. À l'aide de l'épingle, pique le centre du cercle dans le bouchon et fais-le tourner le plus vite possible. Les couleurs se superposent et le disque te paraît blanc.

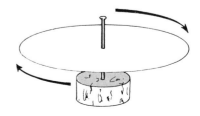

La friction

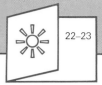
Le savais-tu ?

Quand on fait glisser un objet contre un autre, il y a une résistance au mouvement que l'on appelle la friction.

A toi de jouer !

1

Punaise l'élastique sur un bord du carton. La pointe ne doit pas traverser entièrement le carton. Pose le carton sur la table et étale l'élastique sans l'étirer. Pose le bout de la règle à côté de l'extrémité de l'élastique. Attention, la règle ne devra plus bouger.

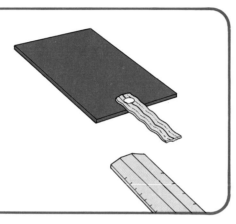

Matériel

- un morceau de carton un peu épais (environ 5 cm sur 10 cm)
- un morceau d'élastique de 10 cm de long et 1/2 cm de large
- une règle en matière plastique
- 5 pièces de 1 F
- deux crayons
- deux ou trois billes
- du papier de verre
- une punaise à pointe courte
- un morceau de papier

2

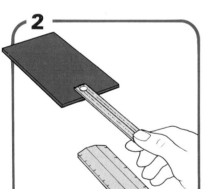

Tire doucement sur l'élastique jusqu'au moment où le carton se met à glisser. En face de quelle graduation de la règle se trouve l'extrémité de ton élastique ?

3

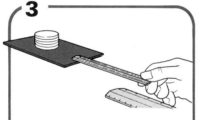

Remets tout en place comme pour l'expérience précédente. Pose cinq pièces de 1 F sur le carton. Refais ton expérience. Note l'allongement de l'élastique. Le poids des pièces a-t-il augmenté la friction ?

4

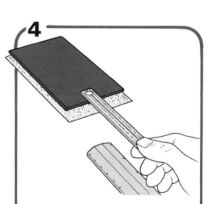

Pose le carton sur la partie rugueuse du papier de verre. Remets tout en place comme dans la première expérience. Mesure et note l'allongement de l'élastique qui permet d'amorcer le déplacement du carton.

Plus la friction est grande, plus tu dois étirer l'élastique. Si les surfaces en contact sont très rugueuses, si un objet est plus lourd, la friction augmente.
En revanche, si tu poses des billes entre le carton et le papier de verre, que constates-tu ? La friction diminue. Comprends-tu pourquoi on utilise des roulements à billes pour transmettre le mouvement dans les roues et dans certaines parties de machines ?

Une mini-turbine

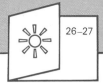

Le savais-tu ?

Tu vas réaliser ta « mini-turbine ». Mais si on la remplaçait par d'énormes roues avec d'énormes pales on obtiendrait une turbine puissante qui, placée sous des chutes d'eau importantes, pourrait entraîner des alternateurs produisant de l'électricité.

A toi de jouer !

Matériel

- 2 gobelets en matière plastique ou 2 pots de yaourt
- des ciseaux
- un couteau
- une aiguille à tricoter
- un bouchon en liège

1

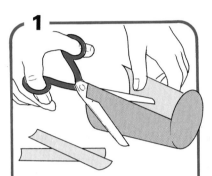

Découpe six bandelettes identiques dans le pot de yaourt. Ce sont les palettes de ta roue.

2

Fais-toi aider par une grande personne pour traverser le bouchon bien dans l'axe avec une aiguille à tricoter. Fais-toi aider pour tailler au couteau six encoches dans le bouchon. Les encoches doivent être très régulièrement espacées.

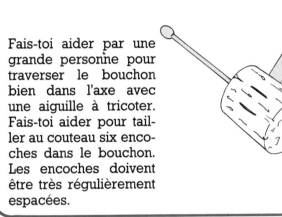

3

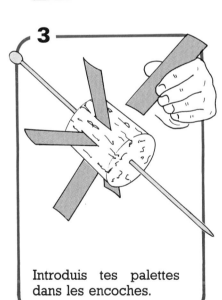

Introduis tes palettes dans les encoches.

4

Ouvre le robinet. Tiens ta roue comme cela t'est indiqué sur le dessin. Elle tourne. À présent, à toi de chercher comment tu peux améliorer son mouvement, sa rotation. Ouvre plus ou moins le robinet. Mets seulement trois palettes. Cherche quelles sont les conditions qui permettent à la roue de tourner plus vite.

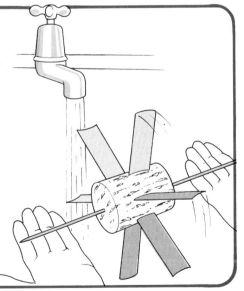

Ce principe est aussi celui des moulins à eau utilisés depuis longtemps. Le courant de la rivière entraîne les pales de la roue. Un mécanisme de rouages entraîne alors une machine à broyer le grain pour faire de la farine.

La chute des corps

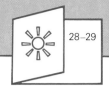

Le savais-tu ?

Il y a 300 ans, un physicien italien fit des recherches pour comprendre comment les corps étaient attirés par la Terre. Pour cela, il laissait tomber des objets de poids différents du haut de la célèbre Tour de Pise.
Il comparait, mesurait alors le temps qu'ils mettaient pour atteindre le sol. Et si tu essayais toi aussi ?

A toi de jouer !

Matériel

- une balle de tennis
- une balle de caoutchouc plus petite
- deux pelotes de laine. Fais-toi aider pour dérouler une des deux pelotes et en faire une boule serrée
- deux morceaux de chiffon identiques

1

Demande à ton frère, ta sœur ou un ami d'observer avec toi. Mets-toi en haut d'un escalier ou sur un balcon (sois prudent(e) !). Tiens dans une main la balle de tennis et dans l'autre la balle en caoutchouc. Lâche-les bien en même temps et du même niveau. Ton ami devra observer la chute et te dira si les deux balles arrivent au sol en même temps.

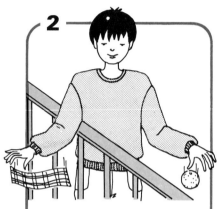

2

Recommence la même expérience mais avec la pelote et la boule de laine.

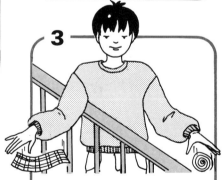

3

Entortille le plus possible un des bouts de chiffon. Fais un nœud et resserre-le. Prends-le d'une main et de l'autre le chiffon déplié. Lâche-les en même temps et du même niveau. Qu'arrive-t-il ?

Galilée avait découvert que les forces qui attiraient les corps vers le sol (forces de gravitation) les faisaient tomber tous de la même façon. Des objets lâchés de la même hauteur ont le même temps de chute qu'ils soient lourds ou légers. En revanche, tes deux pelotes identiques, donc de même poids, n'arrivent pas au sol en même temps. Pourquoi ? L'air oppose une « résistance » à la chute des corps qui dépend de la forme de l'objet. La pelote la moins dense, la plus volumineuse est plus ralentie dans sa chute que la boule resserrée.
Dans le cas du chiffon déplié la « résistance » de l'air s'exerce sur une grande surface. Son effet est donc plus grand. Ce chiffon est beaucoup plus ralenti que l'autre. À ton avis, comment marche un parachute ?

Les aimants

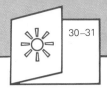
L'aimant attire les épingles, la pièce de 1 F mais il n'attire pas tous les objets métalliques. Seuls les objets qui contiennent du fer ou du nickel (comme la pièce de 1 F) se déplacent vers l'aimant. Ils sont magnétiques.

Matériel

- un aimant en barreau ou en fer à cheval
- divers objets que tu peux trouver autour de toi
- une pièce de 1 F, une pièce de 20 centimes
- des petites épingles
- une aiguille de 5 cm de long
- un morceau de carton (bristol)
- du papier collant

A toi de jouer!

1

Sépare bien les objets sur la table et approche l'aimant de chacun d'eux sans les toucher. Fais la liste de ceux qui viennent se coller sur l'aimant.

Fais-toi un aimant

Utilise l'aimant droit pour cette expérience.

A toi de jouer!

1

Fixe une aiguille sur un morceau de carton avec un petit bout de papier collant. Colle aussi le morceau de carton sur la table et pose l'aimant droit dans le prolongement de l'aiguille pendant dix minutes. Puis range l'aimant loin de l'aiguille.

2

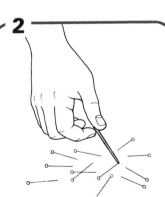

Décolle l'aiguille et approche-la des épingles. Que se passe-t-il? Ton aiguille a été aimantée.

Ton aiguille est à présent un petit aimant. Noue un fil au milieu de l'aiguille. Tiens l'aiguille par le fil. Elle s'oriente dans la direction Sud-Nord : tu as fabriqué une boussole.

Aimanter sans aimant ?

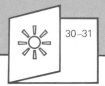

Le savais-tu ?

Tu as vu page 51 qu'on pouvait aimanter une aiguille en la laissant un moment en présence d'un aimant.
Mais, si tu n'as pas d'aimant ?

A toi de jouer !

1

Entoure bien l'aiguille de fil électrique. Fais-toi aider pour dénuder le fil électrique sur un centimètre environ aux deux extrémités. Fixe les parties dénudées autour des languettes de la pile à l'aide de deux trombones.

Matériel

- une pile électrique de 4,5 volts
- une grande aiguille à coudre
- une paille un peu plus longue que l'aiguille
- un bol d'eau
- deux trombones
- un gros clou à tête plate
- des petites pointes d'acier
- du fil électrique, très fin, isolé (15 cm environ)
- un couteau

2

Attends dix minutes. Sors l'aiguille du fil. Introduis-la dans la paille. Soulève les extrémités de la paille. Pose-la sur l'eau. Fais-lui prendre plusieurs positions.

3

L'aiguille reprend toujours la même direction, comme l'aiguille d'une boussole. Tu as donc réalisé un aimant. Recommence la première expérience mais avec le gros clou. Observe bien le schéma. Maintiens bien la tête du clou juste au-dessus des petites pointes d'acier. Que constates-tu ?

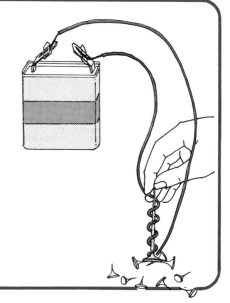

Les pointes sont attirées. Avec ton circuit électrique, tu as réalisé un aimant appelé électro-aimant. Dans l'industrie, on réalise ainsi des électro-aimants avec de grosses bobines de fil, des courants très forts, très intenses et on peut attirer et soulever des ferrailles de plusieurs tonnes. Ces électro-aimants sont donc des sortes de grues sans crochets.

Fais apparaître de l'électricité

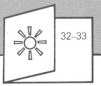

Le savais-tu ?

Tu peux faire apparaître de l'électricité sur les objets en les frottant énergiquement avec un chiffon. L'objet et le chiffon portent alors chacun un type d'électricité différent.

À toi de jouer !

1

Frotte énergiquement la cuillère en matière plastique à l'aide de ton chiffon.

Matériel

- une cuillère en matière plastique
- une cuillère en métal
- un stylo à bille
- un crayon
- une règle en bois
- une règle en matière plastique
- une paille chalumeau (pour boire)
- un bouchon en liège
- un ballon gonflable
- de tout petits bouts de papier, de minuscules morceaux de polystyrène
- un chiffon de laine
- un bracelet élastique

2

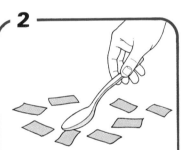

Approche la partie frottée de la cuillère des petits papiers et des morceaux de polystyrène sans les toucher. Fais la même chose avec tous les objets de ta liste en les frottant énergiquement. Quelles sont tes observations ?

3

Frotte énergiquement un peigne ou une règle en matière plastique. Ouvre très légèrement le robinet. Approche du filet d'eau la partie frottée de ton objet. Que se passe-t-il ?

4

Gonfle bien un ballon et ferme-le avec un élastique. Frotte-le énergiquement sur ton pullover et tiens-le contre le mur. À présent, lâche le ballon. Que vois-tu ?

Certains objets frottés ont attiré les papiers, d'autres non. En fait, tous les corps s'électrisent par frottement. Mais certains corps comme le bois, le liège, la matière plastique sont des isolants électriques. L'électricité ne peut y circuler. D'autres corps comme les métaux sont des conducteurs. Tu les électrises, mais cette électricité circule jusqu'à ta main. Toi aussi tu es un conducteur. L'électricité n'est pas restée à l'endroit frotté, tu n'as pu attirer les papiers. Amuse-toi à bien gonfler deux ballons. Ferme-les. Frotte-les énergiquement sur ton pull. Pose-les très près l'un de l'autre sur une table. Que se passe-t-il ?

Circuits électriques

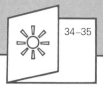

Attention !

Pour les expériences d'électricité, n'utilise que des piles. Tes expériences ne présenteront alors aucun danger.

À toi de jouer !

Matériel

- une pile de 4,5 volts
- une ampoule de lampe de poche
- deux fils « électriques » fins, isolés, de 15 cm environ
- un bouchon de liège
- deux trombones
- du papier collant
- un couteau
- du papier aluminium
- divers objets : crayon, compas, gomme...

1

Fais-toi aider pour dénuder les extrémités des fils électriques sur environ 1 cm. Prends deux fils et fixe-les chacun sur une languette de la pile à l'aide d'un trombone.

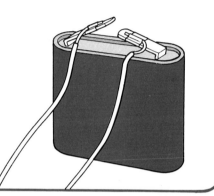

2

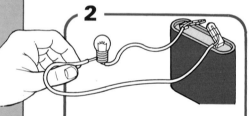

Essaie d'enrouler l'extrémité d'un fil autour du culot de la lampe. Colle-le avec un tout petit morceau de papier collant. À présent touche avec l'extrémité de l'autre fil différentes parties de la lampe. Quand la lampe se met-elle à briller ?

3

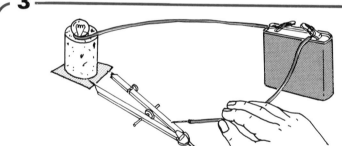

Coupe le bouchon en deux et perce-le. Le trou doit traverser complètement le bouchon et doit être assez gros pour y introduire la lampe. Colle du papier d'aluminium sous le bouchon contre le plot de la lampe (le petit cercle métallique qui se trouve dessous). Prends un compas. Pose-le sur l'extrémité du papier d'aluminium et touche-le avec le fil. Que se passe-t-il ? Utilise d'autres objets et fais la liste de ceux qui permettent à la lampe de briller.

Pour que le courant passe et fasse briller la lampe, il faut que le circuit soit fermé. Cela signifie qu'il est constitué d'une suite de corps qui laissent passer le courant. Ces corps sont des conducteurs d'électricité. Quels corps sont conducteurs ? Quels sont ceux qui sont isolants et ne laissent pas passer le courant ? Le bouchon de liège est-il conducteur ? Il n'y a pas que les solides qui peuvent conduire le courant. L'eau salée, l'eau du robinet sont aussi des conducteurs.

Les débrouillards

Chaque enfant que tu vas rencontrer au cours de ces jeux a trouvé une astuce. À toi de découvrir leur « truc ». Tu pourras contrôler tes réponses à la page suivante.

À toi de jouer !

1. Philippe, un jour d'orage, dit : « Je peux, en observant l'éclair et en écoutant le tonnerre, vous dire à peu près à quelle distance est tombée la foudre. » Comment fait-il ?

2. Sophie trempe ses deux mains dans une bassine d'eau tiède et dit : « La main droite m'indique que l'eau est chaude, la main gauche que l'eau est froide. » Pourquoi ?

3. Nicolas dit qu'il peut quand il le veut se voir les pieds en l'air, tout en gardant les pieds sur terre. Comment fait-il ?

4. Georges dit : « Je peux savoir sur quel meuble on a posé une montre, même si on me bande les yeux et si je ne peux me servir de mes mains. » Quel est son truc ?

5. Éva dit : « En vacances, cet été, je lisais la température sur un thermomètre en bon état ; elle était de 68 degrés. » Est-ce possible ? Où était Éva ?

6. Line dit : « Avec une bougie et des perles je peux faire une horloge qui marque les heures. » Comment ?

7. Florent dit : « Avec un objet particulier, je sais séparer des pièces de 20 centimes et de 1/2 franc posées sur une table, même si j'ai les yeux fermés et si je ne touche pas les pièces. » Quel est cet objet mystérieux ?

8. Hélène ouvre le robinet et dit : « En approchant ma règle en matière plastique de l'eau qui coule, je peux faire dévier le filet d'eau. » Comment Hélène a-t-elle fait pour rendre sa règle « magique » ?

9. Claude prend sa boîte de peinture et dit : « Je n'ai plus de gouache blanche mais je peux vous faire du blanc avec mes peintures. » Comment peut-elle faire ?

10. Rémi dit : « Il y a un endroit où une plume et une pierre lâchées du même niveau arrivent en même temps au sol, et j'aimerais bien y aller. » Quel est ce lieu ?

1. *La lumière de l'éclair se propage très vite. Le tonnerre est provoqué par la décharge électrique qu'est l'éclair. Le son se propage dans l'air à environ 300 mètres par seconde. S'il compte 10 secondes entre l'éclair et le moment où il entend le tonnerre, il saura que la foudre est tombée à : 10 × 300 = 3 000 mètres (à peu près 3 km).*

2. *Nos sens nous trompent. Si l'eau paraît chaude à la main droite, c'est que Sophie avait trempé sa main dans de l'eau froide auparavant. Par contre, elle avait trempé sa main gauche dans de l'eau chaude. L'impression que nous avons est variable, c'est pour cela qu'il est nécessaire d'avoir un appareil de mesure : c'est le thermomètre.*

3. *Il se regarde dans une cuillère qui lui sert de miroir. Les miroirs concaves (en creux) renversent l'image.*

4. *Il pose son oreille sur chaque meuble. Les solides transmettent mieux le son que l'air. Lorsqu'il entendra le tic-tac de la montre, il saura qu'il s'agit de ce meuble.*

5. *Éva était en Angleterre. Nous avons une échelle Celsius, les Anglais ont l'échelle Fahrenheit. Chez nous la glace fond à 0° Celsius, pour les Anglais la glace fond à 32° Fahrenheit.*

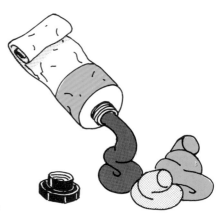

6. *Elle repère la hauteur de bougie qui brûle en une heure. À ce moment-là, elle enfonce des perles dans la bougie à des distances égales à celles qu'elle a repérées. À chaque heure, la bougie aura brûlé jusqu'à une perle qui tombera sur le bougeoir et « sonnera » l'heure.*

7. *C'est un aimant. Il attire les pièces de 1/2 F car elles contiennent du nickel. Les pièces de 20 centimes ne contiennent ni fer ni nickel et ne seront pas attirées par l'aimant. Les pièces seront ainsi séparées.*

8. *Elle a frotté sa règle avec un chiffon. Elle l'a électrisée. Les gouttes d'eau sont attirées par la règle.*

9. *« La couleur blanche » est due à la superposition de toutes les couleurs de l'arc-en-ciel. Claude mélangera du violet, du bleu, du vert, du jaune, de l'orange et du rouge en quantités égales.*

10. *C'est la Lune. Il n'y a pas d'air sur la Lune, donc pas de résistance à la chute des corps. Ils tombent tous à la même vitesse. Tu as peut-être vu une expérience identique transmise à la télévision lorsque Amrstrong a posé son pied sur la Lune.*

LEXIQUE

Aérodynamique Une carrosserie est aérodynamique si elle oppose le moins possible de résistance à l'air au cours d'un déplacement. On dit qu'elle a une forme « profilée ». L'aérodynamique est aussi la science qui étudie les mouvements dans l'air et les phénomènes qui accompagnent ces mouvements (la chaleur par exemple).

Amplificateur Appareil qui rend plus important un phénomène. L'amplificateur de la chaîne haute-fidélité augmente la puissance des vibrations électriques qu'il a reçue de la platine. Ces vibrations, transmises aux haut-parleurs, seront plus fortes. Le son émis sera amplifié.

Atome Plus petite partie de la matière.

Aubes Palettes fixées sur la roue des bateaux à vapeur ou sur celle des moulins à eau. On appelle aussi aubes les parties de la roue d'une turbine sur lesquelles agissent l'eau ou la vapeur d'eau (dans les centrales qui produisent de l'électricité).

Celsius Astronome et physicien suédois du XVIIIe siècle qui a donné son nom à une échelle de température. En 1742, il crée un thermomètre à échelle centésimale : la graduation zéro correspond à la température de solidification de l'eau (la glace) et la graduation 100 à la température d'ébullition de l'eau (vapeur d'eau). Lorsque tu es en bonne santé, la température de ton corps est de 37 degrés Celsius, que l'on écrit 37°C.

Combustion Substance qui peut brûler en dégageant plus ou moins de chaleur.

Décomposer Diviser un corps en éléments simples. La lumière blanche du Soleil est décomposée en différentes couleurs dans un arc-en-ciel.

Dense Un corps est plus dense que l'autre s'il est plus lourd, alors qu'il a le même volume. Un morceau de liège de la grosseur d'une pierre est plus léger que la pierre. Il est moins dense qu'elle. Un litre d'air au sommet du mont Blanc est moins dense, plus léger qu'un litre d'air à Paris.

Énergie Capacité de fournir un travail. Tu possèdes de l'énergie puisque tu peux déplacer, soulever des objets, sauter, courir... Les aliments t'apportent l'énergie que tu vas dépenser pendant tes activités musculaires.

Engrenage Mécanisme composé de deux ou plusieurs roues dentées qui permet de transmettre un mouvement de rotation. Les dents des roues sont disposées de manière à ce que l'une d'entre elles s'emboîte parfaitement entre les deux dents de la roue suivante. La dent d'une roue qui tourne pousse une dent de la roue suivante qui entre alors en mouvement.

Fahrenheit Savant allemand (1686-1736) qui a donné son nom à une échelle de température en usage dans les pays anglo-saxons. Dans ce système (différent de l'échelle Celsius), l'eau bout à 212°F et gèle à 32°F.

Force Énergie, puissance. La force est un phénomène invisible et impalpable qui permet de déplacer ou d'arrêter un objet, de modifier sa direction lorsqu'il est en mouvement, etc. Le vent, l'eau qui coule, la gravité et le magnétisme sont des forces.

Géothermie « Géo » signifie terre, et « thermique » chaleur. L'énergie géothermique est produite sous forme de chaleur à l'intérieur de la Terre. Les eaux qui circulent en profondeur dans le sous-sol absorbent une partie de cette chaleur. Ces eaux peuvent alors être utilisées pour chauffer les maisons.

Incurvés Certains miroirs ne sont pas « plats » mais incurvés (courbés). En te plaçant face à un miroir, s'il est « en creux » par rapport à toi c'est qu'il s'agit d'un miroir concave. Si la « bosse » est vers toi, c'est un miroir convexe.

Lentille Dispositif formé d'un matériau qui laisse passer la lumière (du verre par exemple) en la déviant (en modifiant sa direction). Les faces d'une lentille sont incurvées (la lentille ressemble au légume qui porte ce nom). Les verres de lunettes comme les lentilles de contact sont des lentilles.

Magnétisme Propriété qu'ont certains métaux d'attirer d'autres métaux.

Membrane Peau fine, souple qui enveloppe les organes.

Nucléaire L'énergie nucléaire est obtenue à partir de l'uranium. C'est un métal que l'on trouve dans certaines roches. Il ne brûle pas. Si on l'enferme dans des cuves de béton appelées « réacteurs » et qu'on lui fait subir certaines transformations, on obtient un énorme dégagement de chaleur qui permet de faire passer de l'eau à l'état de gaz. La vapeur d'eau entraînera alors des turbines produisant de l'électricité.

Organe Partie du corps ou d'un être vivant destiné à remplir une fonction indispensable à la vie. L'oreille nous permet d'entendre, c'est un organe. Les poumons, qui nous permettent de respirer, sont des organes.

Oxygène Gaz invisible qui se trouve dans l'air que nous respirons. Il est indispensable pour vivre. C'est l'oxygène qui permet les combustions. Sans oxygène, le gaz, le fioul, le bois ne brûleraient pas.

Poids Force avec laquelle la Terre attire un corps vers son centre (c'est donc une force de gravitation). Lorsque tu dis « Je pèse 50 kilogrammes », en réalité tu n'indiques pas ton poids mais ta masse.

Propulser Faire avancer, pousser fort vers l'avant.

Relief Ensemble des inégalités à la surface du globe terrestre : montagnes, collines, plaines, vallées...

Répulsion Phénomène qui fait que deux corps se repoussent mutuellement.

Rotation Action de tourner. Lorsque tu appuies sur les pédales de ton vélo, le plateau du pédalier, les pignons et les roues sont mis en rotation.

Rouages Ensemble des roues qui font partie d'un mécanisme, comme celui d'un engrenage par exemple.

Sens Possibilité pour un être vivant de se renseigner sur ce qui l'entoure. La vue est un sens qui nous renseigne sur les formes, les couleurs, les distances.

Thermique Relatif à la chaleur. Lorsque l'on fait brûler de l'essence dans un moteur, il se dégage de la chaleur. L'énergie produite est de l'énergie thermique.

Transfert Passage, transport. Il y a passage (ou transfert) de la chaleur d'un corps chaud vers un corps froid.

Végétaux Ensemble des arbres et des plantes (plantes vertes, plantes à fleurs, légumes, champignon, etc.).

INDEX

Les numéros en **gras** indiquent
un dessin ou une photo
sur le sujet.

Imprimé en France par I.M.E. - 25-Baume-les-Dames - Dépôt légal 1214-11/88 - Collection n° 86 - Édition n° 01
16/5737/8